GOTT ALS HEILIGES MYSTERIUM UND DIE SUCHE NACH „GOTTES-ÄQUIVALENTEN" IM INTERRELIGIÖSEN DIALOG

von Peter C. Phan

In den Religionen ist es, göttliche Fragen betreffend, offenbar eine Tatsache, daß Gläubige – zumindest in monotheistischen Glaubensformen – verschiedene Namen für ein und denselben Gott ihrer Verehrung verwenden, und daß verschiedene Religionen auch verschiedene Namen benutzen, um göttliches Sein zu bezeichnen. In diesem Beitrag will ich nicht erforschen, wie eine bestimmte Religion verschiedene Namen für ihren einen Gott gebraucht, ob diese Namen etwas Positives über die Gottheit aussagen und ob sie einfache Synonyme sind, die eben diese Gottheit beschreiben.Meine Fragestellung ist vielmehr, ob die *verschiedenen* Namen in den *verschiedenen* Religionen völlig verschieden sind, oder ob Ähnlichkeiten unter ihnen bestehen, so daß diese Namen „Gottes-Äquivalente" genannt werden können. Falls die zweite Alternative zutrifft, frage ich in einem zweiten Schritt, ob es der Mühe wert ist, diese im interreligiösen Dialog zu identifizieren und wie dies geschehen könnte. Beachten Sie, daß ich mit verschiedenen Gottesnamen nicht die einfache Tatsache meine, daß das Wort „Gott" in verschiedenen Sprachen unterschiedlich heißt (z. B. Theos, Deus, Dieu, Dio, Gott, God etc.), sondern daß die Gottesnamen der verschiedenen Religionen auf den ersten Blick unterschiedliche Erfahrungen und begriffliche Artikulierungen von Gott auszudrücken scheinen. Die vor uns liegende zentrale Frage ist, ob es eine Parallele oder Entsprechung unter ihnen gibt.

Hierauf sind folgende Antworten möglich:[1]

1. Alle Religionen sind gleich, weil sie von einer gemeinsamen Erfahrung göttlichen Seins stammen: Folglich sind ihr begrifflicher Rahmen und ihre Formen im wesentlichen identisch, auch wenn sie in verschiedenen Sprachen und kulturellen Bräuchen Ausdruck finden. Auf der Grundlage dieses gemeinsamen Kerns religiöser Erfahrung mag sich eine universelle Religion begründen und ein universelles theologisches Esperanto erfunden werden.[2]

2. Jede Religion verkörpert eine vollkommen einzigartige Erfahrung göttlichen Seins und drückt diese durch einen vollkommen einzigartigen Begriffsrahmen mit spezifischen Kennzeichen aus, so daß es unter den verschiedenen Namen für Gott in den unterschiedlichen Religionen keine Entsprechungen gibt. Religionen sind überhaupt nicht miteinander vergleichbar. Dies zu tun, käme gleich, Äpfel mit Orangen zu vergleichen.[3]

[1] Die folgenden vier Positionen stellen eher Idealformen als exakte Beschreibungen von Religionstheorien einzelner Schulen dar.

[2] Dies scheint die Position Leonard Swidlers zu sein. Er spricht im interreligiösen und -ideologischen Dialog von einem „ökumenischen Esperanto"; s. a. L. SWIDLER, *Toward a Universal Theology of Religion,* Maryknoll/N.Y. 1987, 32–46.

[3] Für jene, die wie Wittgenstein meinen, Religionen seien wie Werkzeuge oder Spiele mit unterschiedlichen Funktionen bzw. Regeln, ist dies eine *mögliche* Schlußfolgerung.

3. Alle Religionen sind kategoriale Ausdrucksweisen einer transzendentalen Erfahrung des Göttlichen, welches die Bedingung der Möglichkeit solch kategorialer Ausdrucksweisen ist. Diese Ausdrucksformen, seien es Riten, Opfer, Verhaltensweisen oder Lehrsätze, sind aufgrund ihrer verschiedenen Grundlage (Herkunft, Matrix) in ihrer Bedeutung nicht identisch.

Allen Religionen gemein ist die transzendentale Erfahrung des Absoluten. Diese transzendentale Erfahrung zeigt sich im unvermeidbaren Streben des menschlichen Geistes und Willens, in Liebes- und Denkakten, die absolute Wahrheit und einen absoluten Wert zu erfahren. Diese werden jedoch nie als Objekt faßbar, sondern bleiben das stets flüchtige Ziel menschlicher Ahnung. Weil solche Erfahrung in kulturell verschiedenartigen Symbolen ausgedrückt wird, ist es weder möglich, eine universelle Religion zu konstruieren, noch eine Art theologisches Esperanto zu erfinden, das allen Religionen gemeinsam ist. Bestenfalls können einige der Lehren (Grundsätze), die von diesen Religionen aufgestellt sind, als analoge oder entsprechende kategoriale Ausdrucksformen der transzendentalen Erfahrung verstanden werden.[4]

4. Religionen entstammen nicht einer vermeintlich gemeinsamen Erfahrung des Göttlichen, weder einer absoluten (kategorialen) noch sonstigen. Religiöse Lehrsätzes sind weder angebotene noch symbolische Ausdrucksweisen einer inneren Erfahrung Gottes. Sie sind vielmehr ein Komplex sozialer Deutungen verschiedener Art, z. B. Riten, ethische Vorschriften, Dogmen etc., die das Denken und Verhalten des Menschen formen, wobei die Bedeutungen der lehrmäßigen Behauptungen nur im Kontext ihrer Funktionen und ihres Gebrauchs beurteilt werden können. Mit anderen Worten, religiöse Grundsätze fungieren als Regeln oder Grammatik, die die religiöse Sprache und Handlungen des Einzelnen oder der Glaubensgemeinschaft bestimmen. Falls es Äquivalente unter den Glaubenssätzen verschiedener Religionen gibt, findet sich die Entsprechung nicht in dem, was sie lehren – das ist wegen der kulturell sehr verschiedenartigen Kontexte viel zu häufig unmöglich mit Genauigkeit zu bestimmen –, sondern die Entsprechung findet sich im Gebrauch und den Funktionen, die ihnen bei der Formung des Glaubens und dessen Ausübung in der Gemeinde zukommen.[5]

Hier werde ich die Punkte eins und zwei zurückweisen und für eine Kombination der dritten und vierten plädieren. Etwas genauer gesagt, ich denke, die Forschung nach Gottes-Äquivalenten in religiösen Lehrsätzen wird am fruchtbarsten sein, wenn man sie nicht betrachtet als eine Suche nach bzw. einen Vergleich zwischen Gottesnamen, die zunächst verstanden werden als kulturell andersartige Ausdrucksformen, die aber letztendlich eine identische Bedeutung hinsichtlich ihrer Gottesaussagen erhalten; mit anderen Worten, die Suche nach einer universellen Religion und einer gemeinsamen theologi-

[4] Dies ist die Haltung des sogenannten transzendentalen Thomismus, wie er in besonderer Weise von K. Rahner erläutert wird.

[5] Dies ist die Haltung George Lindbecks in seinem Werk *The Nature of Doktrine: Religion and Theology in an Postliberal Age,* Philadelphia 1984. Lindbeck beschreibt seine eigene Haltung als „kulturell-linguistischen" Zugang zur Religion und als „regulierende" oder „Funktions"-Theorie der Lehre.

schen Sprache scheint mir unklug und vergeblich. Nichtsdestotrotz denke ich nicht, daß die Religionen einander völlig fremd sind; insofern sie menschliche Gebilde angesichts einer letzten Wirklichkeit sind, ist eine gemeinsame Grundlage vorhanden. Folglich ist eine Suche nach Äquivalenten im interreligiösen Dialog möglich und nützlich. Ich gebe jedoch zu bedenken, daß solches Forschen auf einer Unterscheidung zwischen einer – wie Rahner es nennt – transzendentalen und einer kategorialen Erfahrung begründet ist. Transzendentale, religiöse Erfahrung aber darf nicht verstanden werden als eine vorsprachliche, ungenaue, innere Erfahrung, die sich zu einem späteren Zeitpunkt in verschiedenen Symbolen ausdrückt.[6]

Vielmehr ist die transzendentale Erfahrung die Bedingung der Möglichkeit einer kategorialen religiösen Erfahrung. Es gibt keine vorsprachlichen transzendentalen Erfahrungen neben einzelnen, historischen kategorialen Erfahrungen, und es existieren keine kategorialen Erfahrungen ohne die sie ermöglichenden Bedingungen, welche transzendentale Erfahrungen genannt werden. Darüber hinaus sind religiöse Lehren und Symbole nicht mathematischen Zeichen und Lehrsätzen vergleichbar. Ihre Hauptfunktion ist es nicht, zu informieren, sondern zu gestalten, zu formieren. Wie die religiöse Sprache (d. h. die „first-order language“, welche Mythen, Geschichten, Gesang, Körpersprache, Riten, Kunstwerke usw. beinhaltet) erfüllen auch sie bestimmte Aufgaben beim fördernden und kreativen Gestalten von Gottesdiensten, Lobpreisungen, Danksagungen, Bußen, Anrufungen, Ermahnungen usw.

Mit anderen Worten, religiöse Glaubenssätze sind nicht primär Interpretationen einer Weltanschauung, sondern Wahrheiten, nach denen Menschen leben und die sie gestalten. Auf dieser Ebene muß die Suche nach Gottes-Äquivalenten als ein Forschen nach einander entsprechenden Funktionen betrachtet werden, die solche „first-order language“ in der und für die Gemeinschaft der Gläubigen erfüllen.

Neben dieser „first-order language“ gibt es auch eine „second-order language“, nämlich die der Theologie und religiösen Philosophie, welche auf kritische Weise definiert, beschreibt, analysiert, erklärt, systematisiert und rechtfertigt, was die „first-order language“ behauptet und vorschreibt. „Second-order language“ ist eher abstrakt und kennzeichnend (denotativ) als symbolhaft und mehrdeutig (konotativ); sie zielt eher darauf hin, Verständnis zu fördern als den Glauben. Sie ist – mit Anselms Worten – die Sprache der *fides quaerens intellectum*. Auf dieser Ebene halte ich die Suche nach „Gottes-Äquivalenten“ für am fruchtbarsten, wenn man sich auf die grammatischen Strukturen solcher „Gottes-Rede“ konzentriert, auf ihr Vokabular, ihre Syntax und ihre Gattung. Im folgenden werde ich versuchen, einige Begründungen

[6] In der Tat gibt Lindbeck eine falsche Darstellung von Rahners Position, wenn er ihn in die erfahrungsbezogene-expressive Gruppe mit einschließt. Dies hindert ihn daran, Gebrauch zu machen von Rahners Einsichten, welche er beim Entwickeln seines kulturell-linguistischen Zugangs und der regulierenden Theorie der Lehre macht. Dies versuche ich hier zu machen. Bezüglich einer Bewertung Lindbecks im Kontext von erzählender (narrativer) Theologie siehe GARY L. CORNSTOCK, *Two Types of Narrative Theology*, in: *Journal of the American Academy of Religion* LV/4 (Winter 1987) 687–717.

für meine Ausführungen zu geben, um dann mit einem *caveat* zu schlußfolgern, daß jede religiöse Sprache – „first- order“ und „second-order“ – in ihrem Wesen analoge Rede über Gott als Heiliges Mysterium ist.

I

Unter den Religionsphilosophen und -historikern war es üblich – besonders nach den Angriffen Kants und Humes auf rationale Beweise für die Existenz Gottes sowie unter dem Einfluß der romantischen Bewegung, die sich von neuem für Subjektivität und das Gefühls- und Ideenleben des Individuums stark machte –, eine einzelne religiöse Erfahrung entweder als Ursprung oder als Wesen einer Religion zu identifizieren. Dieser Versuch führte zu einer sogenannten genetischen oder erfahrungsbedingten-expressiven Religionstheorie. Hiernach sind verschiedene Religionen unterschiedliche Ausdrucksformen oder Vergegenwärtigungen einer gemeinsamen Kernerfahrung, die Ursprung oder Norm all dieser Religionen ist.

Solch gemeinsame religiöse Erfahrung ist in verschiedener Weise beschrieben worden. Friedrich Schleiermacher spricht von „einem Gefühl absoluter Abhängigkeit“;[7] Julian Huxley von „der menschlichen Fähigkeit zu Ehrfurcht und Hochachtung“;[8] A. W. Hayden von „dem Streben des Menschen als sozialem Wesen, nach Werten in einem erfüllenden Leben“;[9] Rudolf Otto von „dem *sensus numinis*, d. h. dem Gefühl von Ehrfurcht und Faszination angesichts des *mysterium tremendum et fascinans*“.[10]

Zeitgenössische Denker, auch wenn sie nicht im strengen Sinne zu der erfahrungsbedingt-expressiven Schule gehören, haben eine Anzahl menschlicher Situationen, in denen religiöse Erfahrung sich entwickeln oder mit denen sie identifiziert werden kann, analysiert. Tillich spricht von der menschlichen Existenz als Entfremdung vom Sein.[11] Gilkey rechnet mit der Erfahrung von Kontingenz, Relativität, Zeitlichkeit und Freiheit.[12] Macquarrie hebt die Spannung zwischen den Polen menschlicher Existenz hervor: Möglichkeit und Tatsächlichkeit, Rationalität und Irrationalität, Verantwortung und Hilflosigkeit, Angst und Hoffnung, Individuum und Gemeinschaft.[13] Lonergan spricht

[7] F. SCHLEIERMACHER, *Über die Religion. Reden an die Gebildeten unter ihren Verächtern* (Philosophische Bibliothek 225) Hamburg (1958); DERS., *Der christliche Glaube nach den Grundsätzen der evangelischen Kirche im Zusammenhange dargestellt,* Berlin ^{6}1960.

[8] J. HUXLEY, *Religion Without Revelation,* New York 1958.

[9] A. W. HAYDEN, *Man's Search for the Good Life: An Inquiry into the Nature of Religions,* New York 1937.

[10] R. OTTO, *Das Heilige. Über das Irrationale in der Idee des Göttlichen und sein Verhältnis zum Rationalen* (Beck'sche Reihe 328) München 1987 (Nachdruck der ungekürzten Sonderausgabe von 1979).

[11] TILLICH, *Systematic Theology,* 3 Bde., New York 1951, 1957, 1963; DERS., *The Courage To Be,* New Haven, Conn. 1952.

[12] GILKEY, *Naming the Whirlwind: The Renewal of God-Language,* New York 1969.

[13] MACQUARRIE, *Principles of Christian Theology,* New York 1977.

von der Erfahrung, ohne jede Einschränkung zu lieben.[14] Tracy analysiert die Grenzfragen in Wissenschaft und Ethik und die Grenzsituationen im Alltag.[15] John Dunne beschreibt Verzicht, Tod, Zeit und Liebe.[16] Peter Berger untersucht die Bedeutung des Spiels, der Hoffnung, des Humors und die Neigung zur Ordnung.[17] Schillebeeckx verweist auf die Frage nach dem *humanum.*[18] Hans Küng analysiert das Grundvertrauen in die Wirklichkeit.[19] Illtyd Trethowan spricht von der ethischen Erfahrung eines absoluten Wertes.[20]

Darüber hinaus haben vergleichende Religionsstudien aller Bereiche - sei es Riten, Erfahrungen, Erzählungen, Dogmen, Ethik, Institutionen oder Kunst betreffend[21] - gezeigt, daß für viele Elemente, die den Anspruch der Einzigartigkeit in einer Religion erheben, Doppelformen und Parallelen in anderen Religionen angenommen werden können. Beispiele bezüglich jedes obenerwähnten Bereiches sind im Überfluß vorhanden und können ins Endlose aufgeführt werden. Die meisten Religionen zeigen Riten und Opferhandlungen (z. B. Taufriten, Heilige Mahle, Opferungen); mystische und emotionale Erfahrungen werden in hohem Maß gepriesen und gefördert (z. B. Tranceerfahrungen, Bhakti, Dhyana, glückselige Visionen, höchste Glückseligkeit und die Schau des Nirvana); Mythen und Geschichten werden mündlich oder schriftlich überliefert (d. h. theogonische, anthropogonische und kosmogonische Mythen ebenso wie Erzählungen über die Begründer einer Religion); es werden einander ähnelnde Glaubenssätze gelehrt (z. B. die Einzigartigkeit und Personalität Gottes, die Inkarnation und Menschwerdung); es gibt ethische und gesetzliche Vorschriften (z. B. die Torah, die Shari'a, den achtfältigen Weg, Tao); um die Religionen zu erhalten, sind vergleichbare soziale Institutionen und Strukturen eingerichtet (z. B. Kloster und sangha, Priester und Brahmanen, Propheten und Gurus); heilige Orte und Kunstwerke sind als Kultstätten und zum Gottesdienst errichtet (z. B. Tempel, Kirchen, Bilder, Reliquien).

Es wurden auch Versuche unternommen, das zu finden, was Joachim Wach „universelle Strukturen in Religionen (universals)" nannte. Nachdem der Autor religiöse Erfahrung als eine menschliche „totale", „höchstintensive" und „praktische" Antwort auf das Erfahren der „letzten Wirklichkeit" definiert hat, fährt er in seiner Argumentation fort, religiöse Erfahrung sei universell und strebe auf universelle Weise auf drei Ebenen nach Ausdruck: es gebe „theoretische, praktische und soziale Ausdrucksformen". Nach einer genauen

[14] Lonergan, *Method in Theology,* New York 1972.

[15] Tracy, *Blessed Rage for Order,* New York 1975.

[16] J. Dunne, *The Way of All the Earth,* Notre Dame 1978.

[17] P. Berger, *A Rumor of Angels: Modern Society and the Rediscovery of the Supernatural,* New York 1969.

[18] Schillebeeckx, *The Understanding of Faith: Interpretation and Criticism,* übers. v. N. D. Smith, New York 1974.

[19] H. Küng, *Existiert Gott? Antwort auf die Gottesfrage der Neuzeit,* München–Zürich 1978.

[20] I. Trethowan, *Absolute Value: A Study in Christian Theism,* New York 1970.

[21] Dies sind die sieben Aspekte, unter die Ninian Smart seine Religionsbeschreibungen stellt.

Analyse dieser Ausdrucksformen schließt er: *Hier einige „universals" in den Religionen: In der religiösen Erfahrung bringt sich der Mensch selber in Beziehung zu der „letzten Wirklichkeit". Diese Erfahrung, die in den Grenzen von Zeit und Raum stattfindet, strebt nach theoretischem, praktischem und soziologischem Ausdruck. Die Formen solchen Ausdrucks zeigen, auch wenn sie durch die Umgebung, in der sie entstehen, bedingt sind, strukturelle Ähnlichkeiten; es gibt universelle Themen im religiösen Denken, wobei das Universelle stets eingebettet ist in das Einzelne. Obwohl die Unterschiede und Konflikte von einzelnen Loyalitätsinteressen herrühren, können diese nicht einfach ausgespart werden (wie die Aufklärung es getan hätte). Sie sind die Arterien, durch die das Lebensblut religiöser Erfahrung fließt. Aber sie müssen ständig überprüft und gereinigt werden.*[22]

Sowohl aufgrund der Einheit religiöser Erfahrung als auch der Ähnlichkeit religiöser Ausdrucksformen ist man versucht (eine Versuchung übrigens, der Denker der Aufklärung häufig unterlagen), zu schließen, daß verschiedene Religionen ihrem Wesen nach gleich sind und eine Religion so gut wie die andere ist. Solche Identität wird besonders auf der Ebene von Lehrsätzen angenommen, weil von all den sieben oben beschriebenen Bereichen die Lehren am abstraktesten und am wenigsten anfällig für kulturell bedingte Schwankungen (Launen) sind und folglich am ehesten zu verallgemeinern. Darüber hinaus erhält die Theo-logie – das ist die Lehre von Gott – besondere Aufmerksamkeit, weil Religion *per definitionem* mit dem Göttlichen oder Transzendenten zu tun hat, oder – um Tillichs Ausdruck zu verwenden – es eine Angelegenheit von letzter Wichtigkeit ist.

Nicht selten wird deshalb – zumindest in der Öffentlichkeit – behauptet, daß die göttlichen Namen und Lehrsätze, die hinter solchen Titel wie El, Zeus, Jahweh, der Vater von Jesus Christus, Allah, Brahman, Vishnu, T'ien, Kami, Ta'aroa, Ahura, Mazda, Olorun, Kwoth oder irgendwelchen anderen Namen für den höchsten Gott liegen, die letzte Wirklichkeit, die Gott heißt, bezeichnen. Solch einfache Gleichsetzung ist beim sorgfältigen Betrachten der Zusammenhänge, in denen solche Namen entstehen und gebraucht werden, zurückgewiesen worden.

Es mag stimmen, daß diese Namen eine höchste, personale Gottheit, einen Schöpfer bezeichnen; trotzdem sind ihre kulturellen Kontexte so verschieden (kanaanitisch, jüdisch, griechisch, christlich, muslimisch, brahmanisch, hinduistisch, chinesisch, japanisch, polynesisch . . .), daß die vermeintlichen Ähnlichkeiten unter ihnen drastisch reduziert werden müssen, so daß sie „den Tod der tausend Einschränkungen sterben".

Antony Flew's berühmtes Wort deutet einen weiteren Einwand gegen die These an, daß all die göttlichen Namen der verschiedenen Religionen identisch seien. Solchen Einwand erhebt die analytische Philosophie, besonders in dem Sinne Ludwig Wittgensteins, wie er sie in seinen *Philosophischen Forschungen* entwickelte.

In diesem nachgelassenen Werk verwirft Wittgenstein seine früheren Bilder – Theorie von Sprache, vorgestellt in seinem *Tractatus Logico-Philosophicus* –

[22] J. Wach, *Types of Religious Experience: Christian and non-Christian,* Chicago 1951.

gemäß der Sprache in der Weise Kenntnis über die Wirklichkeit vermittelt, wie ein Bild Kenntnis über eine Szene vermittelt. Statt dessen schlägt er zum Verstehen von Sprache die Beispiele von Werkzeugen und Spielen vor. Wie Werkzeug in einer Werkzeugtasche für verschiedene Zwecke bestimmt ist, so zahlreich sind auch die Funktionen von Sprache. Wie der Wert eines Werkzeugs in seiner Funktion liegt, so ist der Wert eines Satzes, seiner Bedeutung, eine Funktion seines Gebrauchs: Wer gebraucht ihn, an wen wendet er sich, in welchem Zusammenhang und zu welchem Zweck?

Sprache auf der Grundlage dieses Werkzeugmodells zu betrachten heißt, das Suchen nach dem gemeinsamen Wesen aller Sprachen außer acht zu lassen und statt dessen auf den konkreten, spezifischen Gebrauch eines Satzes zu schauen.

Spiele liefern ein anderes Modell zum Verständnis von Sprache. Eben wie es keine universellen Regeln, die auf alle Arten von Spielen anwendbar sind, gibt (z. B. Football, Baseball, Cricket, Soccer, Tennis, Squash, Chess, Bridge, Polo . . .), so kann die Bedeutung von Sprache nur im Erlernen der Regeln einer einzelnen Sprache erfaßt werden; und eben nicht im Erlernen einer allgemeinen Regel, die angeblich alle verschiedenen Arten von Sprachen erklärt. Solch allgemeine Regel, angenommen es gäbe sie, würde uns nichts über ein bestimmtes Spiel sagen. Jedes Sprach-Spiel ist eine Form von Leben, die verstanden sein will aufgrund eigener Vorzüge und im Sinne individueller Charakteristika.

Was durch das Modell von Werkzeug und Spiel über Sprache im allgemeinen ausgesagt wird, kann *mutatis mutandis* über religiöse Sprache gesagt werden. Religiöse Sprache, die weit davon entfernt ist, bedeutungslos oder nicht-kognitiv zu sein, wie es logische Positivisten aufgrund ihres Verifikationsprinzips behaupten, muß im ganzen Zusammenhang ihrer Anwendung betrachtet werden. Wittgenstein schlägt vor, die Bedeutung religiösen Glaubens zu ermitteln, indem nach den Konsequenzen solchen Glaubens gefragt wird, indem untersucht wird, was die Gläubigen gegen diesen Glauben einwenden, oder indem entdeckt wird, was mit ihm verbunden ist. Die Bedeutung einer religiösen Aussage zeigt sich in der situationsgebundenen Anwendung. Um ihre Bedeutung auszumachen, ist es somit notwendig, ihre Funktion, Ziele, ihren Gebrauch und die Beziehung zu anderen Sprachspielen zu beschreiben.[23]

Wittgensteins Theorie der religiösen Sprache wird von theistischen Denkern häufig als wirksames Gegenmittel zu den reduktionistischen Angriffen begrüßt. Diese wurden von der analytischen Tradition her als unvereinbar mit jeglichem Falsifizierungsprinzip (Antony Flew) als vom Wesen her unverständlich (Bernard Williams), als *blik,* d. h. als eine Haltung oder ein Rahmenwerk für Bewertung oder Erklärung (Richard M. Hare), als moralische Feststellun-

[23] Eine kurze, klare Darstellung von Wittgensteins Theorien der religiösen Sprache bietet Norman Malcolm, *„Wittgenstein",* The Encyclopedia of Philosophy, Bd. 8, ed. Paul Edwards, New York 1967, 327–339.

gen (Richard B. Braithwaite), als gefühlserregende Sprache (A. J. Ayer) ausgelegt.

Auf der anderen Seite könnte Wittgensteins Theorie auch als Ablehnung religiöser Sprache und eines interreligiösen Dialogs interpretiert werden. Falls religiöse Sprache mit einem Werkzeug oder einer Spielregel verglichen wird und falls ein Werkzeug keine Arbeit ausführen kann, für die es nicht bestimmt ist, und falls Regeln einer Spielform nicht auf andere angewendet werden können, dann bleibt Religion und ihre Sprache ganz im Privaten, von anderen Bereichen menschlichen Lebens abgeschnitten und für einen Außenstehenden unverständlich. Auch wenn sie nicht als bedeutungslos abgetan werden kann, ist sie für alle – außer für die Gläubigen – völlig irrelevant, und die praktischen Auswirkungen bedeuten kaum etwas anderes als ihre Bedeutungslosigkeit. Darüber hinaus sind die verschiedenen Religionen selber nicht in der Lage, sich untereinander auszutauschen, insbesondere unter der Annahme, daß jede Religion eine vollkommen andere und nicht auszudrückende mystische Erfahrung verkörpert. Ein früheres Wort Wittgensteins mag hier Anwendung finden: „Was überhaupt aussprechbar ist, kann genau gesagt werden: und worüber man nicht sprechen kann, darüber sollte man schweigen." Auch wenn man nicht bis zum Äußersten der *apophaticism* geht, ist es doch vorstellbar, daß religiöse Ausdrucksformen derart kulturell bedingt und unterschiedlich sind, daß keine Entsprechungen unter ihnen möglich sind.

Wittgenstein selber zog keine solch negativen Schlußfolgerungen aus seiner Theorie über religiöse Sprache. In seinen *Philosophischen Forschungen* und seinen Vorträgen bemerkt er, es sei wahrscheinlich, daß religiöse Sprache in gewisser Hinsicht anderen Sprach-Spielen ähnelt, auch wenn sie nicht auf diese zurückzuführen ist. Er räumt ein, daß diese gemeinsamen Elemente auf einzigartige Weise in religiöser Sprache vereinigt sein mögen. Ebenso führt er an, daß religiöse Sprache möglicherweise eine Sammlung oder „Familie" von Sprachen ist. Es ist – und dies mag ethische Sprache miteinschließen – die Sprache der Bildung und des Ausdrucks von Haltungen, die Sprache der persönlichen Verpflichtung und anderer Anliegen, welche verschiedene Wichtigkeit im Leben der Gläubigen haben mögen.

II

Wenn man mit Wittgenstein einräumt, daß es nicht nur zwischen religiöser Sprache und anderen Sprach-Spielen, sondern auch *a fortiori* zwischen unterschiedlichen religiösen Sprachen „Familien-Ähnlichkeiten" gibt, gilt es zu fragen, wie diese Ähnlichkeiten, insbesondere bezüglich ihrer Lehrsätze über Gott (Gottes-Äquivalente), festzustellen sind. Wie ich bereits oben sagte, wird man den soziokulturellen Zusammenhängen und den verschiedenen Funktionen der Gottesnamen nicht gerecht, hält man sie, wie sie in den unterschiedlichen Religionen festgestellt werden, für identisch. Ohne die Existenz einer identischen religiösen Kernerfahrung vorauszusetzen, von welcher die einzelnen Religionen kulturell bedingte Ausdrucksformen darstellen, schlage ich zur

Unterscheidung möglicher Gottes-Äquivalente folgende Strategie als erfolgversprechendste vor: eine Untersuchung

1. der Bedingungen der Möglichkeit kategorialer, religiöser Erfahrungen,
2. der Funktionen der „first-order"-Sprache und
3. der Grammatik der „second-order"-Sprache der Theologie und Lehrsätze.

Im zweiten Teil werden wir hier diesem dreigeteilten Ansatz nachgehen.

Unter den römisch-katholischen Theologen hat Karl Rahner eine ausführliche Analyse dessen, was er „die transzendentale Erfahrung" nennt, vorgelegt. Damit meint er das . . . *subjekthafte, unthematische und in jedwedem geistigen Erkenntnisakt mitgegebene, notwendige und unaufgebbare Mitbewußtsein des erkennenden Subjekts und seine Entschränktheit auf die unbegrenzte Weite aller möglichen Wirklichkeit . . . Sie ist eine Erfahrung, weil dieses Wissen unthematischer, aber unausweichlicher Art Moment und Bedingung der Möglichkeit jedweder konkreter Erfahrung irgendeines beliebigen Gegenstandes ist. Diese Erfahrung wird transzendentale Erfahrung genannt, weil sie zu den notwendigen und unaufhebbaren Strukturen des erkennenden Subjekts selbst gehört und weil sie gerade in dem Überstieg über eine bestimmte Gruppe von möglichen Gegenständen, von Kategorien besteht. Die transzendentale Erfahrung ist die Erfahrung von Transzendenz, in welcher Erfahrung die Struktur des Subjekts und damit auch die letzte Struktur aller denkbaren Gegenstände der Erkenntnis in einem und in Identität gegeben ist.*[24]

In jedem Wissensakt (und in entsprechender Weise in jedem Liebes- und Freiheitsakt) über ein einzelnes Objekt (d. h. eines Baumes oder eines Menschen) wird nicht nur etwas gewußt (wodurch eine ausdrückliche Beziehung zwischen Subjekt und gewußtem Objekt besteht), sondern das wissende Subjekt ist gleichzeitig gewußt, so daß es *ipso facto* seiner selbst bewußt ist, wenn auch nicht explizit und thematisch. Diese implizite, unthematische und unobjektive Nähe des wissenden und liebenden Subjekts zum Selbst (d. h. Bewußtsein ist immer Selbstbewußtsein) ist wie die Lichterzone oder der Horizont, indem ein einzelnes Objekt, auf das sich die Aufmerksamkeit richtet, Gestalt annehmen kann. Es ist die Bedingung der Möglichkeit für solch kategoriale Handlungen wie Wissen und Lieben.

Es ist wichtig festzustellen, daß dieses Selbst-Bewußtsein des Subjektes keine für sich losgelöste Erfahrung ist, die neben den konkreten Wissens- und Liebeshandlungen verfügbar ist. Vielmehr ist es in und durch kategoriale Erfahrungen als deren Bedingung der Möglichkeit gegeben und existiert nur in, mit und durch Sprache. Rahner hebt hervor, daß die Spannung zwischen dem ursprünglichen Selbst-Bewußtsein und seiner Bewußtwerdung (die es niemals *vollständig* vermitteln kann) eine dialektische ist.

Auf der einen Seite strebt das unthematische Eigen-Bewußtsein des Subjektes nach größerer Bewußtwerdung mittels der Sprache, mittels Kommunika-

[24] K. RAHNER, *Grundkurs des Glaubens. Einführung in den Begriff des Christentums,* Freiburg [9]1976, 31f; eine hervorragende Darstellung von Rahners Transzendenz-Philosophie bietet THOMAS SHEEHAN, *Karl Rahner: The Philosophical Foundations,* Athens 1987. Für einen kurzen Überblick siehe mein *Eternity in Time: A Study of Karl Rahner's Eschatology,* Selinsgrove 1988, 44–46.

tion. Auf der anderen Seite haben Reflexion, Bewußtwerdung und Sprache eine notwendige Ausrichtung auf dieses ursprüngliche Wissen, diese ursprüngliche Erfahrung, in der das Gemeinte und die Erfahrung des Gemeinten noch identisch sind.

Wenn man die Existenz eines solchen ursprünglichen Eigen-Bewußtseins einräumt, das als ein a priori, als ein vorhergehendes Gesetz fungiert, welches ordnet, was und wie etwas Gestalt annehmen kann, welches als „Schlüsselloch" im voraus festlegt, welcher Schlüssel paßt, was sagte das über das Subjekt?

Insofern das Subjekt freier und intelligenter Geist ist, der das Seiende im allgemeinen hinterfragen kann, ist es „grundsätzlich und von sich aus die reine Geöffnetheit für schlechthin alles, für das Sein überhaupt . . .".[25] Auch die Leugnung solch unbegrenzter Offenheit des menschlichen Geistes bestätigt diese wiederum implizit und notwendigerweise, weil ein Subjekt, das selber um seine Begrenztheit weiß (und der Mensch ist ein solches begrenztes Wesen), bereits seine Begrenztheit transzendiert hat. Es differenziert sich selber als endlich von „einem subjekthaft, aber unthematisch mitgegebenen Horizont möglicher Gegenstände von unendlicher Weite".[26] Der Mensch hat somit einen *Vorgriff* ohne innere Grenze auf das Sein als solches, weil der bloße Verdacht einer solch inneren Begrenzung des Subjektes diesen Vorgriff selber als über den Verdacht hinausgehend voraussetzt.[27]

Einige Merkmale dieses *„Vorgriffs"* müssen sorgfältig betrachtet werden. Zunächst, auch wenn er eine „Erfahrung" von Transzendenz genannt wird, existiert er nicht aus sich heraus neben anderen kategorialen Erfahrungen als eine Art gemeinsamer Kernerfahrung, von der die einzelnen Religionen verschiedene Ausdrucksformen oder Objektivierungen sind. Rahner ist kein erfahrungsbezogener, expressiver Religionstheoretiker. Vielmehr ist diese transzendentale Erfahrung eingebettet in jede einzelne, konkrete Erfahrung des Bewußtseins und Willens als deren Bedingung der Möglichkeit. Zweitens gilt, auch wenn er (der Vorgriff) bewußt ist (insofern er ein Akt des Geistes und des Willens ist), daß er ein unthematisches und inneres Wissen und Wollen vom Sein selber ist. Nichtsdestotrotz strebt er von Natur aus nach sprachlicher Äußerung.

Drittens ist dieser *„Vorgriff"* im Wesen ein dynamisches Streben des Geistes und Willens, des *excessus* oder der Intentionalität, er selber zu sein, was immer ein nicht zu erreichendes Ziel bleibt. Er nimmt vorweg und strebt hinaus, aber er erreicht niemals das Sein so wie sein Objekt.

Was ist das Sein, nach dem der menschliche Geist greift und strebt und doch nie erreicht? Rahner identifiziert es mit Gott. Seiner Meinung nach wird das Wort Gott benutzt, um sich zu beziehen auf: *den ‚Unsagbare(n)', den ‚Namenlose(n)', der nicht in die benannte Welt als ein Moment an ihr einrückt; das*

[25] K. Rahner, *Grundkurs des Glaubens,* 31.

[26] Ebd., 31.

[27] Vgl. Rahners klassische Studie über diesen Vorgriff: *Geist in Welt. Zur Metaphysik der endlichen Erkenntnis bei Thomas von Aquin,* München ²1957.

‚Schweigende' das immer da ist und doch immer übersehen, überhört und – weil es alles im Einen und Ganzen sagt – als Sinnloses übergangen werden kann . . .[28]

Der Mensch ist auf transzendentale Weise auf Gott hin gerichtet, und diese ursprüngliche und grundlegende Ausrichtung begründet seine dauernde Existenz als geistiges Wesen. Weil das Ziel dieser menschlichen Selbst-Transzendenz im Bewußtsein für immer unerreichbar, undefinierbar und unaussprechlich bleibt, ist der angemessene Name für diese Wirklichkeit nach Rahner „Mysterium". Das Wort „Mysterium" hat gegenüber anderen Namen für Gott, wie z. B. „Absolutes Sein", „Sein in einem absoluten Sinne", „Ursprung des Seins", „letzter Grund" oder sogar „Gott" einen Vorteil, da diese Namen das Risiko eingehen, Gott als ein Wesen - wenn auch das größte - in der Kette anderer Wesen zu verstehen, die in kategorialer Weise erfaßt werden können.

Der unendliche Horizont als Ziel der Transzendenz und als Licht, durch das wir andere Wesen erkennen, kann natürlich nicht selber einen Namen erhalten. Dieser Name nämlich würde das Ziel innerhalb der Realitäten plazieren, die im Horizont dieses Zieles erkannt werden. Die Benennung „Mysterium" möchte hervorheben, daß das Ziel der Transzendenz unendlich, namenlos, undefinierbar und unaussprechbar ist.

Weil dieses Mysterium nicht nur die Transzendenz menschlichen Bewußtseins, sondern auch menschlicher Freiheit, Liebe und menschlichen Wollens bezeichnet, muß es „Heiliges Mysterium" genannt werden: . . . *Geht also liebend freie Transzendenz auf ein Woraufhin, das selber diese Transzendenz eröffnet, dann können wir sagen, daß das unverfügbare, namenlose, absolut Verfügende selber in liebender Freiheit waltet, und ebendies ist es, was wir meinen, wenn wir ‚heiliges Geheimnis' sagen.*[29]

Im Lichte der Rahnerschen Überlegungen über Gott als Heiliges Mysterium mag behauptet werden, daß die verschiedenen Gottesnamen der einzelnen Religionen einander entsprechen, obwohl sie nicht bloß unterschiedliche Ausdrucksformen einer vermeintlich gemeinsamen religiösen Kernerfahrung sind. Diese Entsprechung findet sich nicht in einer gemeinsamen Wurzelerfahrung des Göttlichen. Die jüdische Erfahrung und begriffliche Formulierung Gottes als Jahweh ist kulturell, philosophisch und theologisch weder identisch mit der christlichen Erfahrung und Begriffsbildung von Gott als Vater Jesu Christi, noch mit der muslimischen Erfahrung Gottes als Allah und noch weniger mit dem hinduistischen Verständnis Gottes als Brahman oder Vishnu. Solche Aufzählung könnte hier unendlich fortgeführt werden. Vielmehr ist in jede dieser kategorial voneinander abweichenden religiösen Erfahrungen, die sich in unterschiedlichen philosophischen und theologischen Begrifflichkeiten ausdrücken, die menschliche Selbst-Transzendenz des Bewußtseins und der Liebe über ihre Wurzel und Begrifflichkeit hinaus eingebettet als ihre innere Bedingung der Möglichkeit, das heißt als das „Heilige Geheimnis". Darin liegt die Entsprechung der göttlichen Namen. Die zahlreichen göttlichen Namen

[28] K. Rahner, *Grundkurs des Glaubens,* 56.
[29] Ebd., 74.

sind nicht Synonyme, die dasselbe göttliche Wesen bezeichnen; vielmehr sagen sie verschiedene Dinge über Göttlichkeit aus.

Dennoch sind sie nicht gänzlich miteinander unvereinbar, nicht weil sie Symbolisierungen einer gemeinsamen religiösen Erfahrung sind (eine kulturell-linguistische Unmöglichkeit), sondern wegen des *Vorgriffs* des menschlichen Geistes auf das Heilige Mysterium als solches. Um es erneut zu wiederholen, diese transzendentale Erfahrung ist keine von anderen losgelöste Erfahrung, sondern ist durch und mit diesen gegeben, auf implizite und unthematische Weise als ihre ermöglichende Bedingung. Sie ist wie ein Faden, der sie miteinander verbindet.

Jedoch strebt diese transzendentale Erfahrung nach deutlichen Symbolisierungen und wählt dazu Formen wie Riten, Gebete, gesetzliche und ethische Vorschriften, Institutionen, Geschichten, Lehren, Kunstwerke usw. Im Hinblick auf sprachliche Ausdrucksformen, mit denen wir uns ja hier beschäftigen, ist es wichtig, zwischen „first-order" und „second-order"-Sprache zu unterscheiden. „first-order"-Sprache wird hauptsächlich in liturgischen Kontexten gebraucht, wo hingegen „second-order"-Sprache die der wissenschaftlichen Reflexion ist. Erstere ist lebendig, konkret, emotional, oft metaphorisch; ihre Funktion ist es, einzuladen, zu überreden, zu beschreiben, zu inspirieren, anzuklagen, zu erflehen, zu lobpreisen, anzubeten. Letztere ist abstrakt, streng, präzise; ihre Funktion ist es, zu beschreiben, zu erklären und auf kritische und systematische Weise zu rechtfertigen, was im Glauben als normativ und wahr angenommen wurde. Lassen Sie mich erstere religiöse, letztere theologische Sprache nennen. Selbstverständlich überschneiden sich viele Wörter in den zwei Sprachen, dennoch ist es offensichtlich, daß Gott in liturgischen Kontexten häufig als „Fels oder Zuflucht" angerufen wird, eher als *„ipsum esse subsistens",* und umgekehrt wird Gott in der Theologie eher als „absolutes Sein" denn als „Hirte der Herde" beschrieben.

Wichtig bezüglich unserer Diskussion über „Gottes-Äquivalente" ist, daß diese zwei Sprachen unterschiedliche Zielsetzungen haben. Falls „Gottes-Äquivalente" in verschiedenen Religionen existieren, gehe ich davon aus, daß sie sich in den Funktionen, die sie für die Glaubensgemeinschaft erfüllen, in der religiösen Sprache zeigen, während sie in der theologischen Sprache offenbar werden in der bevollmächtigten Weise, wie sie Rede, Haltung und Handlung der religiösen Gemeinde *regeln.* Um Wittgensteins Metapher von Spiel zu gebrauchen, religiöse Sprache ist wie die Bewegung der Spieler, sie vollzieht sich in der Weise, wie das Spiel (der Gottesdienst) erfolgreich durchgeführt wird. Die theologische Sprache ist den Regeln eines Spiels vergleichbar, die sicherstellen, daß das Spiel fair und korrekt verläuft. Oder – um die Metapher abzuwandeln – Religion ist wie ein Redestil, bei dem religiöse Sprache wie die gesprochenen Worte und Texte fungiert, welche bekräftigen, was wahr ist und die Leser zur Annahme und zum Nachleben motivieren. Theologische Sprache ist dabei wie die Grammatik (Morphologie, Syntax, Semantik) zur Gewährleistung, daß die Worte richtig gebraucht und die Texte angemessen geschrieben werden. Theologische Sprache wird in den Zusammenhängen gebraucht, wo versucht wird, den Glauben zu verstehen, grundsätzlich durch Beschreiben, Erklären und Rechtfertigen, wohingegen religiöse Sprache, obwohl das nicht das Verstehen ausschließt, darauf zielt, die Glaubensgemeinde zu gestalten und zu verändern.

Natürlich werden die göttlichen Namen in beiden Sprachen verschiedener Religionen benutzt, so daß die Suche nach „Gottes-Äquivalenten" den unterschiedlichen Einsatz jeder Sprache berücksichtigen muß. Die zahlreichen Namen für Gottheit entsprechen einander bezüglich der Funktionen, die sie erfüllen, wie sie in der religiösen Sprache angewendet werden. Angenommen jemand besucht ein jüdisches Paschafest, eine christliche Eucharistiefeier, ein muslimisches Dhu-al-Hijja, ein hinduistisches Bhakti, eine shintoistische Schreins-Zeremonie, eine Opferung in einer afrikanischen Religion, wobei jeweils die Gottes- oder Götternamen angerufen werden, was sollen diese Namen bewirken? Sind ihre Funktionen identisch oder zumindest analog? Einige wenige Funktionen dieser Gottesnamen nennt die folgende Aufzählung:

- intensive Gefühle der Anbetung, der Verehrung, des Lobpreises, der Demut, der Dankbarkeit seitens der Gläubigen auszudrücken;
- die Gläubigen an die mächtigen Wohltaten Gottes zu erinnern;
- die Gläubigen zu drängen, sich in vertrauensvoller Liebe an ihren Gott zu binden;
- ein angemessenes Verhalten vorzuschreiben, zu bestimmten Handlungen anzuregen, gewisse Neigungen zu bekräftigen;
- die fehlgegangenen Gläubigen wegen ihrer Schuld anzuklagen und sie zur Reue zu bekehren.

Natürlich erfüllen nicht alle Gottesnamen diese Funktionen (und andere sind nicht genannt), noch erfüllen sie sie in gleicher Weise, aber in ihrem religiösen Kontext sind göttliche Namen einander entsprechend. Dies meint nicht so sehr das, was sie bezüglich ihrer Gottheit aussagen (das mag sehr voneinander abweichen), aber es meint die Wirkungen, die es auf die Anbetenden hat.[30]

Während die Gottesnamen in der religiösen Sprache einander in ihren Funktionen entsprechen, tun sie es in der theologischen Sprache in der Art und Weise, wie sie bestimmte Sprach- und Verhaltensweisen regulieren und möglich machen. Ich stimme mit George Lindbeck darin überein, daß theologische Sprache keinen Wahrheitsanspruch erhebt.

Ontologische Wahrheitsansprüche werden von religiöser Sprache erhoben (z. B. Gott ist ein liebender Vater), wenn behauptet wird, daß diese Aussage

[30] Zwei hervorragende Sammlungen von Essays über religiöse und theologische Sprache mögen erwähnt werden: ROBERT P. SCHARLEMANN (Hg.), *Naming God,* New York 1985; ROBERT P. SCHARLEMANN / GILBERT E. M. OGUTU (Hg.), *God in Language,* New York 1987.
Sehr hilfreiche Studien über religiöse Sprache enthält PETER DONOVAN, *Religious Language,* New York 1976; JOHN MACQUARRIE, *God-Talk,* New York 1967; JAMES I. CAMPBELL, *The Language of Religion,* New York 1971; THOMAS FAWCETT, *The Symbolic Language of Religion,* Minneapolis 1971; IAN T.RAMSEY, *Religious Language,* London 1957.

mit der objektiven Wirklichkeit übereinstimmt. Theologische Sprache geht von der Wahrheit dieser Behauptung aus und fährt fort, auf kritische Art zu beschreiben, erklären, analysieren, zu verteidigen und festzulegen, welches Reden und welche Aussagen damit in Einklang stehen und welche nicht. Lindbeck drückt es so aus: ... *eben wie Grammatik als solche weder Wahres noch Falsches über die Welt, in der die Sprache gebraucht wird, aussagt, sondern nur über die Sprache, so machen die Theologie und die Glaubensaussagen, in dem Maße wie sie ‚second-order'-Handlungsweisen darstellen, weder Wahres noch Falsches über Gott und die Beziehung zu seinen Geschöpfen geltend, sondern sprechen nur von Behauptungen.*[31]

Ich denke, Gottesnamen der theologischen Sprache funktionieren auf gleiche Weise. Zum Beispiel dienen die christlichen Namen wie „der allmächtige Vater, Schöpfer des Himmels und der Erde" oder „der Vater unseres Herrn Jesus Christus" oder „Vater, Sohn und Hl. Geist" quasi als Grammatik, die festlegt, welcher Ausdruck über den christlichen Gott mit dem christlichen Glauben in Einklang steht. Rede von Gott, die eine ontologische Unterscheidung zwischen Gottheit und Welt leugnet oder die mehrere gleiche Götter aussagt oder die die Mehrheit der „Personen" im einen Gott verneint, könnte vom christlichen Glauben nicht akzeptiert werden. Ähnlich würde jedes Verhalten, das Rassismus, Sexismus oder z. B. ein soziales Kastensystem anerkennt oder befürwortet, für nicht vereinbar mit der christlichen Bezeichnung des Göttlichen gelten. Dasselbe sollte auch über jüdische, hinduistische, muslimische, shintoistische, taoistische, zoroastrische, Yoruba-, Nuer-Namen für Gottheit gesagt werden, selbstverständlich mit auf ihren kulturellen Kontext bezogenen Abweichungen. Die Entsprechung unter diesen Namen findet sich in der Art, in der sie die Sprache und das Verhalten in ihrem jeweiligen Glaubenskontext als harmonisch oder destruktiv bevollmächtigen oder vorschreiben. Dies schließt nicht aus, daß es einige (ich vermute wenige) tiefliegende Ähnlichkeiten unter den verschiedenen Gottesnamen gibt.

Diese anscheinend negative Meinung sollte ein Vorteil für den interreligiösen Dialog sein. Partner eines Dialogs brauchen nicht zusammenzukommen mit der bestehenden Überzeugung, daß sie eine gemeinsame, konkrete Erfahrung haben, von der ihre Religionen einfach kulturell unterschiedliche Ausdrucksformen sind. Solche Haltung würde sie nur drängen, einen häßlichen Vergleich anzustellen, welche von ihnen die bessere Gestalt angenommen hat. Sie sollten bloß ihre Religionen und Begriffsbildungen als verschiedene Sprachen mit verschiedenen Grammatiken betrachten und darin fortfahren zu untersuchen, wie ihre religiöse Sprache im Interesse ihrer Anhänger funktioniert und wie die theologische Sprache ihr Reden, ihre Haltung und ihr Benehmen beeinflußt. Aus dieser Diskussion soll hervorgehen, daß trotz tiefer Differenzen in Liturgie und Theologie die Gottesnamen ähnliche Funktionen und Regeln haben.

Bei einer Diskussion über „Gottes-Äquivalente" ist es zum Abschluß wichtig, sich selber daran zu erinnern, daß die ganze menschliche Sprache über Gott

[31] G. LINDBECK, *The Nature of Doctrine,* 69.

nichts weiter ist als ein – wenn auch notwendiges – Stammeln über das „Heilige Mysterium".

„Heiliges Mysterium" ist weniger ein göttlicher Name als eine Erinnerung für uns, daß die Wirklichkeit – nach der unsere Selbst-Transzendenz ausgreift, sie aber niemals erreicht – das Unendliche, das Unaussprechliche, das Undefinierbare ist, das „Neti, neti", von dem der hl. Thomas sagt, wir wüßten mehr, was er nicht ist als was er ist.

Übersetzung aus dem Englischen von
Waldemar Molinski

SUMMARY

The attempt to discern "God-equivalents" in various religions logically presupposes that behind the different doctrines of God espoused by these religions there is a faith-experience or an experience of ultimate transformation of which these doctrines are but partial and inadequate formulations.

Without necessarily holding the thesis that this faith-experience is one and the same in all religions, the quest for God-equivalents must postulate that the divine names are analogous or at least homologous to one another, that is, they perform a similar function in religious thinking and living.

In this paper I shall argue that the quest for God-equivalents in religious doctrines is best carried out if (1) negatively, it is not conceived as a search for and comparison between divine names that are regarded as culturally different expressions but ultimately affirming the same thing about God; in other words, the search for a universal and uniform theological language is futile; (2) positively, it is conceived in the first place as an inquiry into the equivalent *functions* that these first-order language expressions perform in arousing and regulating the acts of community worship, praise, proclamation and exhortation; in other words, religious doctrines are thruths people live by; (3) in the second place, the quest for God-equivalents is undertaken as an examination and formulation of the *grammar* of the second-order discourse about God; (4) lastly, in the formulation of this grammar it is constantly borne in mind that all first and second-order religious language is an essentially analogical language about God as Holy Mystery.

RELIGION IN THE ERA OF ENVIRONMENTAL POLLUTION: THE NEW NEW-RELIGIONS IN JAPAN

by Jacques H. Kamstra

In the years following world war II Japan wrote history with new religions, the so-called *shinkōshūkyō*. In a few years they scored records in conversions. The Sōka Gakkai for instance saw an increase in membership from a few thousands in 1952 to more than seven million in 1960. Nowadays, that is to say from 1973 onwards the same phenomenon is recurring in the *shin shin-shūkyō*, the new new-religions. In this paper I will focus my attention on these two phenomena in three paragraphs:

1. the abundance of new religions during the last 150 years.
2. *shinkōshūkyō* and *shin shin-shūkyō*.
3. some characteristics of the *shin shin-shūkyō*.

1. The abundance of new religions during the last 150 years

In Japan the phenomenon of new religions is not new. The last two centuries witness the origin of quite a few new religions. In Japan's history it is a rather peculiar fact that the origin of new religions mostly is confined to certain periods. There are other periods in its history in which no other religions came into being. So the Nara period (710–794), the beginning of the Heian period (794–1185), and the Kamakura period (1185–1333) are characterized by an enormous development of new sects and religions in Buddhism and Shintō alike. These developments are described in many books on Buddhism and Shintō. They seem to abound, however, in the nineteenth and twentieth centuries. So in this paper I will confine myself to some recent developments in new religions and to the new new-religions in particular.

Since the beginning of the 19th century we witness a new wave of new religions in Japan. This development is characterized by three stages hinging on demographical and social factors.

The oldest stage comprises the period since the beginning of the 19th century and lasts until world war I. During this period several new religions came into being. Some of them still exert a strong influence. So religions as Tenrikyō, Kurozumikyō and Konkōkyō still are well known even abroad. The main aim of these religions which were founded mostly by farmers was to bring relief to the neglected people of rural Japan. These religions mostly of Shintō origin assumed Buddhist organizational forms in order to extend their influence to larger areas than the local Shintō shrines are used to do. At the same time some of them promised to the faithful material prosperity under the guidance not of polytheistic Shintō gods but of a monotheistic deity, bearing the name of a Shintō god and endowed with the characteristics of the god of the Christians. So did Konkō Daijin, the Great God of Golden Light, in the Konkōkyō.[1]

The second stage of new religions covers a period of about fifty years: from 1920 onwards until 1970. This period is characterized by an enormous increase of the urban population at the expense of the rural population. So millions of people who migrated to the large urban areas of Tokyo and Osaka gave up their relations with the traditional Shintō and Buddhist shrines and temples of the countryside. In the cities they met with a large religious and social vacuum. Many new religions of Buddhist origin as well as of Shintō brand came into being in order to fill this urban gap. In 1924 there were in Japan about 98 religious organizations. The number of new religions increased from 414 in 1930 towards 1092 in 1935, "after life became more comfortable".[2] Some of these new religions are wellknown all over the world and even active in Europe such as the Sōka Gakkai, the Risshō Kōseikai and the Reiyūkai. This second period of new religions marks an increase in membership which is unequalled in Japan's and – probably – the world's religious history. So the membership of the Risshō Kōseikai rose from a few thousands in 1953 to 3 million in 1960 and to seven millions of believers today and the Sōka Gakkai increased even from a few thousands in 1953 to 7 million in 1960 and to thirteen or fourteen million today. Poverty, sickness, and the death of many relatives caused by the war had pushed these masses of people to these new organizations which promised wealth to the poor, health to the sick people, and happiness to the souls of the deceased relatives. At the same time they tried to reorganize this people by creating new meeting places where they could assemble and discuss their problems in so called *zadankai*, meetings of groups of an average of twelve or thirteen members under the guidance of leaders, who on their turn were organized in a hierarchical network. Many of these people born during the war regained their human values and witnessed the recuperation of health and an increasing welfare and wealth. In Japan the religions of the first and second stage of the nineteenth and twentieth centuries are named *shinkōshūkyō*: the newly established religions. Some authors, however, are inclined to confine the name *shinkōshūkyō* to religions of the second stage and not of the first stage, this name being imbibited in the opposition of the state and its officials to the religions indicated by that name during the Meiji and Shōwa areas (1868–1988).[3]

[1] In Shintō this god was considered to be a bad demon. The founder of the Konkōkyō, however, made him into the 'Parent god of the Universe'. See H. THOMSEN, 1963: 68ff.

[2] J. KITAGAWA, 1987: 284.

[3] So does HIROO TAKAGI in his books which I will discuss more extensively in this paper.

2. *The concepts of shinkōshūkyō and shin shin-shūkyō*

2.1 *The concept of shinkōshūkyō*

The term *shinkōshūkyō* came into use during the Thirties just before world war II. Juntarō Murakami provides us with some remarks on the history of this term.[4] It had to indicate the new religions in opposition to established religions such as Buddhism, Shintō and Christianity. The name initially received the unfavourable undertone of: not recognized yet by the official authorities of the government. The ministry of Home Affairs for example felt them to be suspicious and treated them accordingly. The main reason of this disdain consisted in the fact that these religions came into being during the era of the primacy of State Shintō and its emperor-cult.[5] The separation of Buddhism and Shintō and also the prohibition of the exertion of the so-called syncretistic practices – for instance the pilgrimages to the Ontake and Fuji mountains under guidance of *yamabushi*, mountain ascetics,[6] – added greatly to this disdain. There was only some space left to folkreligion. Within its bounds the door still was left open to the start of new religions. These new religions were called: *shinkōshūkyō*.[7] At the same time these religions became labelled as false religions. The established religions and journalism added to those religions other tags such as inferiority, love of money, low cast etc. Gradually *shinkōshūkyō* became an invective. This situation lasted until the end of the war.

[4] See JUNTARO MURAKAMI, 1967: 105–125.

[5] Hence it is no surprise that many of these new religions initially bore a Shinto mark. See H. TAKAGI, 1958: 36–42. Takagi distinguishes three periods in which the *shinkōshūkyō* came into being: the first period includes the early years of the Meiji period (since 1868) when the so-called thirteen Shintō shūha came into existence: Shintō Honkyōku, Shintō Shūseiha, Shintō Daishakyō, Shintō Fusokyō, Shintō Jitsugyokyō, Shintō Daiseikyō, Shintō Shinshūkyō, Shintō Ontakekyō, Shinrikyō, Shintōseikyō, Konkōkyō, and finally Tenrikyō. To these thirteen sects the Maruyamakyō, the Renmakyō and others have been added. The second period starts about 1925 with the foundation of the Ōmotokyō and the Hito no michi kyōdan. The third period begins after 1945 with the full growth of the Reiyūkai, the Sekaikyūseikyō, the Seichō no Ie, the P. L. Kyōdan (the former Hito no michi kyōdan), the Ōmoto Aizenen (the old Ōmotokyō), the Risshō Kōseikai, the Sōka Gakkai and many others. It goes without saying that since 1945 the emperor-cult was absolutely out of the question. See H. TAKAGI, 1958: 36. During the first two periods the emperor-cult was promoted at the expense of the other religions, which in a way were suppressed. H. TAKAGI, 1958: 40, 41. During the second period the Ōmoto and the Hito no michi kyōdan were kept down. In 1939 believers of all faiths – the christians included – had to pay respect to the emperor. H. TAKAGI, 1958: 42ff.

[6] The *yamabushi* suffered most from the support of Shintō by the state. Their organisations were disbanded and added to the Tendai, Shingon and Shintō. This situation lasted until the end of the war. Recently their ascetic quarters in the mountains grew into enormous tourist attractions. Their ritual sacrifice of fire, *saitogoma*, which takes place at the beginning of every season draws even the attention of Japanese television and of thousands of tourists.

[7] See H. TAKAGI, 1958: 38.

The end of the great Pacific War meant also the exstinction of state Shintō and a free practise of religion. This meant also a change in the meaning of *shinkōshūkyō* which became used in a more positive and general way. The new religions for their part initially were quite anxious for the bad reputation of this term. Therefore they were more inclined to use the term *shinshūkyō*, new religions, instead. Following the Sōka Gakkai they emphasized: "*shinkōshūkyō* de wa nai": we are not *shinkōshūkyō*. They were more successful than the old religions with their traditional claims of rights and cultural accomplishments. It became objectively completely groundless to look at the new religions as low of origin and unsincere. Many people became convinced that their views became distorted by the cult of Shintō gods and of the emperor in particular. Ideas on magic, primitivity, lack of scientific bases, the state of incompletion and contradictions in doctrines which always had been ascribed to the *shinkōshūkyō* began to change. The modernity of the *shinkōshūkyō* and their dynamic trend towards progress reflect Japan's capitalistic society, which since 1870 had been modelled after Western society.[8] The opposition to the old established religions and the foundations of the capitalistic state are considered by Murakami to be the two pillars of the *shinkōshūkyō*. In 1955 Hiroo Takagi wrote the booklet *Shinkōshūkyō no miryoku*, considered by many specialists to be a standard book. In it he tries to locate the concept of *shinkōshūkyō* in the time in which it originated. I will try to mention some of his thoughts.

First he points at a number of conditions which led to the origin of the *shinkōshūkyō*. These conditions are: discomfort (related to sickness, poverty, and the shock of the atombombs on Hiroshima and Nagasaki), the pursuit of progress, individual conditions (at home or in the *buraku*, the community), the inability of the traditional religions and of the government to give response to many actual demands, and finally the need of guidance and of the creation of new standards for religion and science.

In the second place he points at the element of mass movements. Several *shinkōshūkyō* were geared for great masses of people. In his time Takagi had in mind the Tenrikyō, Konkōkyō, the Sōka Gakkai and the Risshō Kōseikai, only one of which according to his later book *Shinkōshūkyō* did reach the goal of one million believers.[9] All of them emphasized modernity. Moreover the doctrines of these religions were propounded as absolute truths and simplified into a few clear central points. The Sōka Gakkai for instance tried to explain to the common man the difficult philosophy of neokantianism on goodness, truth and beauty in concrete terms. In the Sōka Gakkai and the Risshō Kōseikai the doctrine of Nichiren had been reduced to the invocation of the *daimoku*, the 'great eye', being nothing else but the invocation of the title of the Lotus sūtra: Namu myōhō Rengekyō: "I put my faith into the wonderful Lotus sūtra."

[8] See J. Murakami, 1967: 106, 107.

[9] On page 51 of this book dating back to 1958 he mentions the following figures: P. L. Kyōdan: 600.000; Sekai Kyūseikyō: 650.000; Seichō no ie: 600.000, Reiyūkai: 2.300.000; Risshō Kōseikai: 370.000; and the Sōka Gakkai: 800.000. See H. Takagi, 1958: 51.

In the third place he points at the doctrine of the sects containing special tenets on capitalism and materialism: membership is a guarantee for good health as well as for material prosperity and wealth. All this has been made possible for them by the construction of hospitals (as is the case for instance in the Risshō Kōseikai). So it is a wellknown fact that the Sōka Gakkai founder Makiguchi replaced the old creative value of truth and holiness by a new creative value of usefulness or gain by which he meant a life abundant in material wealth being the focus of all other creative values.[10] Other sects were prepared to meet the material desires of their faithful by the creation of paradises, equipped with all kinds of facilities. Membership of the sect implied the access to all kinds of pleasures which until then were reserved to the happy few: golf links, special swimming pools, and other kinds of pleasures.

Finally he points at the perfect forms of organization in the *shinkōshūkyō*. In the Sōka Gakkai the horizontal organisation towards the fellow members as well as the vertical and hierarchical organisation concerning the leadership of the sect have been planned so well that every member on both levels can be reached and checked on easily. The organizational set-up of the youth movement at the outset of the Soka Gakkai reminds of the old imperial army.[11] Hiroo Takagi also sees these types of organization as militaristic and undemocratic.[12]

The culture of the leaders is quite emphasized. Thus Takagi points out that they have a great deal of experience of life, but a minimum of dogmatic knowledge. From times immemorial they belonged to folk religion. Therefore they very often started their religions as spiritual intermediaries of some deity. For that reason the *shinkōshūkyō* display some magical aspects. They took no notice of science and the leaders appealed to a mysterious authority.[13] Several new religions of Nichiren-nature give the impression to be a continuation of Kamakura Buddhism. I prefer to maintain, however, that they are nothing else but a modern extension of folk-religion. Many characteristics of Japanese folk-religion such as shamanism, trance, possession, a leadership which takes all this into account, embody rather the primeval Japanese type of the layman with his religious commitment: the *hijiri*.[14] In their ranks there are hardly religious specialists: monks or priests. So in the *shinkōshūkyō* there are many

[10] See K. Mori, 1977: 76.

[11] See J. H. Kamstra, 1960: 46.

[12] Concerning these and other remarks on the name of *shinkōshūkyō* see H. Takagi, 1959: 8, 9. Though his book is named *shinkōshūkyō no miryoku* he mentions in his pages only two features of the *shinkōshūkyō*: progressivity and reaction. In this book he rather relies on his former book: *Shinkōshūkyō of 1958.*

[13] See H. Takagi, 1959: 9.

[14] *Hijiri* is an old Japanese term meaning: the knower of the sun. Because the sun was considered to be holy, this knower of the sun gained the respect of the people who considered him to be the wise man who is radiant with wisdom. Taoist influence extended this concept to that of the virtuous hermit. On the oldest Japanese representations *hijiri* are depicted as Buddhas or Bodhisattvas. See J. H. Kamstra, 1985/86: 50–62, and J. H. Kamstra, 1987: 321, 322.

well known topics of folk religion described by Carmen Blacker and Ichirō Hori.[15] Even the great laymen and leaders of the Sōka Gakkai and the Risshō Kōseikai behave as *hijiri* rather than as monks of some definite sect. In the Sōka Gakkai this antithesis between the manager/director and the abbot/monk is very clear in the modern and Western organisation of the sect with its modern Vatican-like stronghold at the base of mount Fuji devised by Japan's famous architect Kenzō Tange on one hand and the traditionalistic Nichiren Shōshū with its old practises and its claim to be a creation dating back to Nichiren (1222–1282) himself on the other hand.[16] It continues its old traditions in the building of many new temples and the attire and rituals of its monks.[17] Carmen Blacker at the end of her book finds the modern technical culture of television searchlights, tape recorders and microphones thrust in the direction of the sacred utterances of shamans and gods, of the construction of highways to the summits of holy mountains, to kill and to make meaningless many rituals of folk religion.[18] Thus she seems to loose sight of many customs in folk religion by some modern authors erroneously labelled as magic which are still surviving in the *shin shin-shūkyō* be it in a more institutionalized form.

2.2 The concept of shin shin-shūkyō

In 1973 the effect of the oilcrisis in the world was also that the second stage of the *shinkōshūkyō* came to an end and was followed by a forth and probably the last stage of new religions in our century which probably will last beyond the year 2000. So even a new name has been coined by Nishiyama: the *shin shin-shūkyō*, the new new-religions.[19] These religions which are mostly still small in seize are rather different from the second group: there is a strong belief in the end of the world, in magical power, in miracles, there is also a boom in mysteries and esoteric doctrines and practices: Jap. *shimpiboom.* During the third period the fear of the people of misery, sickness and poverty was taken away by mammoth-organizations such as the Sōka Gakkai and the Risshō Kōseikai. In our decade nature is threatened with destruction, the world is

[15] See C. Blacker, 1975 and Ichiro Hori, 1972.

[16] It claims to be founded by Nikkō (1246–1333), the disciple of Nichiren after the latters death. According to the original Nichiren sect this should have happened 440 years after the death of Nichiren under abbot Nikkan, the 26th abbot of the Taisekiji which is today the center of the Nichiren Shōshū and of the Sōka Gakkai. The name Nichiren Shōshu, 'the true sect of Nichiren' dates back to 1912. Prior to this date the sect had many other names: Hokke-shū, Nichiren-hokke-shū, Nichiren-shū Kōmon-ha and Nichiren-shū Fuji-ha. See W. Kohler, 1962: 226, 227.

[17] See H. Thomsen, 1963: 82–84, 86–87; W. Kohler, 1962: 226–230.

[18] See C. Blacker, 1975: 316ff. In the mentioned books of H. Takagi and other authors on the *shinkōshūkyō* this invective 'magic' is used quite frequently in order to indicate many rituals and phenomena belonging to folk religion. In the use of the term magic to my mind there is implicited quite a lot of discrimination of folk religion by the great official religions of Buddhism in imitation of some western theological colleagues. One of them is I. Hori himself. Is he trying to apologize to his western colleagues for his description of Japan's folk religion?

[19] This term came into use around 1981. See Ian Reader, 1988: 236.

leaping towards its end by the waist of nature and by the decay of the human race by aids-disease and the increasing number of abortions. So many young people in despair commit suicide. The new new religions try to do something about this.

The name *shin shin-shūkyō* seems to have been the invention of one N. Nishiyama of the Tōyōdaigaku.[20] He divides the enormous revival of religions since world war II in three different groups:

1. The period since the loss of the war in which the old system of values was destroyed and many rules became ineffective.

2. The super fast revival since the Korean war: i.e. the periods which H. Takagi labels as number three.

3. The period since the oilcrisis until now. Nishiyama is of the opinion that religions which came into being during this period should receive the new label of *shin shin-shūkyō*. In doing so he points at their special characteristics: namely a strong belief in the end of the world and in mysteries. To this he adds that the first post-war period was characterized by eulogies on freedom regained since the loss of the war and the hope of the renovation of the country in the near future. People in their own companies and families felt the fear of three circumstances: poverty, sickness and war. The second period witnessed several successes due to these national efforts. Then mammoth organisations such as the Sōka Gakkai and the Risshō Kōseikai and other religions came into being. They brought stability to the country. During the last and third period the system of ecology will be threatened by the destruction of nature. This will keep pace with the production of all kinds of non returnable and throw-away articles and with an enormous pollution of water and air. The whole world seems to be in decay: many youthful persons break down and commit suicide. Many people experience from these problems physical and spiritual adversities. It goes without saying that the period since 1970 is dominated by the idea of the end of the world.

The postwar building up of the economy of the country gave way to a tendency in the opposite direction: the economic boom has to be pulled down and nature has to be restored in order to prevent a catastrophe which might hit the whole world. In the Netherlands the reactions to these same problems are in a secularized form: the churches do not witness an increase of their faithful in order to prevent a world disaster. On the contrary every year about 100.000 of people turn their backs on the Christian churches. The answer of Japan to these questions, however, consists in a revival of new religions. The research of the N. H. K., Japan's National Broadcasting System, of 1984 reveals signs of an increasing interest in religion during the beginning of this decade. More people rely on the Buddhist and Shinto housealtars, the *butsudan* and *kamidana*. The religious organisations are prosperous as never before.[21]

[20] According to no. 34 of the periodical Tama of 1984.

[21] See Nihon Hōsō Kaisha, 1984: 1–5. The following characteristics of general religiosity in Japan result from the field-research of the N.H.K.: 1. recognition of the belief in ancestors, 2. the recognition of human weakness, 3. the belief in one's fate,

3. Some characteristics of the shin shin-shūkyō

1. Nishiyama in his account of *shin shin-shūkyō* adds some special features of these new religions. These features are: corporality, mutuality, individualisation and the special role of the founders. Others mention also the belief in paradises and syncretism. I will confine myself to the features of Nishiyama.

3.1 Corporality

This feature consists in a strong accent on the qualities of the human body. The aims of religion should not consist in all kinds of doctrines but in ritual and practice: therefore abstention and ascetic practices and austerities (so the ascetical practices of cold water showers under a waterfall and fire ordeals) are believed to bring relief and to endow the ascetics with magical power over the earth and even in the sky reaching out into the stars. Noteworthy is the interest in Ufo's, the structure of the universe and many rituals to the gods of the stars resulting from these corporeal practices. This aspect of corporality, however, is not new. It was also stressed by many *shinkōshūkyō*. So the Odoru shūkyō, the Dancing Religion, and Tenrikyō emphasize in their rituals the gestures of hands and feet in dancing. In other *shinkōshūkyō*, however, the function of the body is minimalized and restricted to lipservice. This is the case in the *daimoku* of the Sōka Gakkai and the Risshō Kōseikai. The function of the body is in the *shin shin-shūkyō* more remarkable. Some religions belief in the power of the imposition of hands. The faithful of the Mahikari sūkyō are convinced that the human hands are endowed with spiritual power: the *te o kazasu*, the embellishment of the hands. It implies an emanation of light in the heart of the fellow member of the sect. In this sect which is one of the largest of the *shin shin-shūkyō* the imposition of hands is considered to be the *mahikari no waza*, the act of the 'true light'. This operation should have been handed down by Buddha and Christ. In imposing hands on the sick and others Christ witnessed of himself: I am the true light (= *mahikari* or *makoto no hikari*). The power of the hands is the power of God, who through the fingers of man enters into the human heart. The *tekazashi* takes place once a month in the presence of more than three thousand mostly youthful *kumite*, i.e. groups-members.[22] Others emphasize all kinds of bodily austerities. Quite a few sects prefer *suigyō*, consisting in an ice-cold shower under a waterfall, which in some sects even is handmade and artificial. Some sects adopted from the *yamabushi* the sacrifice of fire, *saitogoma*. Seiyū Kiriyama (*1925), founder of the Agonshu, the largest sect of the *shin shin-shūkyō*, obtained his magical power by

4. the firm conviction of a requital of good and evil after death, and 5. concrete expectations of this life which can be fulfilled by religious practice for instance the cult of Inari, god of prosperity, and the cult of Jizō, the bodhisattva of a good rebirth. See N.H.K., 1984: 10. See also J. Swyngedouw, 1986: 1–14.

22 See M. Hirota, 1988: 241–243. The term *sūkyō* in the name of this sect is notable being different from *shūkyō*, religion. The founder of this sect while using the term *sūkyō* intends to indicate that his religion differs from other religions "because of its associations with 'secondary deities' and established religions". See W. Davis, 1980: 7.

means of fasting, other physical austerities and *suigyō* under the waterfall of mount Inari in Kyoto. Since 1980 he is believed to have strengthened his magical power yearly by huge fire-sacrifices on the Hanayama, one of the summits of the Higashiyama East of Kyoto. These fire-sacrifices, *gomahō*, consist in the kindling of huge piles of wood. Kiriyama once bore witness to the influence of these huge fire-sacrifices: 'A new power has been born in me. The fire in my heart likes to leap out of my body. I am the fire of my own. I am the pile of burning firewood'.[23] Baptism also is considered to be some kind of suigyō. In the Nihon Assemblies of God kyōdan, a Christian *new new-religion*, which asserts to be a foundation of the Holy Ghost himself, *senreihō*, the law of baptism, is believed to be baptism in the Holy Ghost. Those who are baptized in the Holy Ghost bear in their bodies a member of God Himself: the *shita*, the tongue, which causes the faithful to perform glossolalia, the gift of tongues, to speak the divine language which was heard for the first time on Pentecost. It is not only limited to Amen and Alleluja, but comprises also untranslatable mantralike terms such as: *marabera, marabera, perarisute osutera-ru.*[24] Some *new new-religions* emphasize alscontacts. The Nihon Raierian movement propagates free sex during common baths. Baptism is called transmission and guarantees a seat in the universal ship of the Elohim, who are believed to be creatures of other stars and the founding fathers of mankind. The message of the Elohim is believed to be: 'Don't suppress sex for sex is intimately united with human mankind. A religion which keeps down sex does not contribute anything to the human race.'[25]

3.2 Mutuality

A second characteristic is the spiritual exchange between people. This concerns not only the mutual relations of people who are alive, but also the contacts with the souls of the deceased. In this respect special attention is focussed on the souls of the abortive foetusses, the *mizuko*, the 'waterchilds'. Many sects try to relieve people from the psychological problems resulting from abortions and to save the souls of these *mizuko.* This spiritual exchange with beings of the other world is sustained by many miracles wrought by the founders. In the *shin shin-shūkyō* this spiritual exchange is more essential than in the *shinkōshūkyō*. In folk religion the relations with the other world were kept up usually by shamans *(miko)* and *yamabushi.* In the *shin shin-shūkyō* these relations are maintained by the founders. Quite a few of the *shin shin-shūkyō* seem to be established in order to keep up these relations. Their names indicate this fact. Some sects call themselves *reikai*, world of the souls, or *reiba*, wave of souls. Other sects as the Yamatokyō and the Daiwa kyōdan sacrifice in a special manner to the souls of the deceased.[26] The Mikotokai, the 'society

[23] See T. Yajima, 1985: 99, 100, 113.

[24] See M. Hirota, 1988: 36. Concerning this primal divine sound see: J. H. Kamstra, 1989: 49–66.

[25] See M. Hirota, 1988: 69–71.

[26] See Asahi Shimbunsha, 1984: 110–117.

of life', founded in 1969, is of the opinion that the daily worship of the god Sumiyoshi will contribute to the liberation of the souls from the *yūkai*, the 'world of ghosts', the *jigokukai*, the 'world of hells', and the other 19 spheres in the universe which are the abodes of all the souls and spirits, and will be received into the *munensō*, the 'sphere of no-meditation'. In this sphere they will act as the guardian spirits of their offspring.[27] In this sect the souls are not equalled to Ufo's. In other sects Ufo's are believed to be the spirits of the other world. Some sects see explicitly in the inhabitants of Mars or Venus these extraterrestrial beings. The Raierian movement which I mentioned before ascribes the creation of the world in book Genesis of the bible to the Elohim. The Hebrew term Elohim should mean: the people who came flying to earth from heaven. 'We, Elohim, scientists, have been searching for the right planet. Thus we have found the earth. The creation of the earth is nothing else but the establishment of the right conditions under which life on earth became possible'. The tower of Babel originally should have been the rocket which brought the Elohim to earth. That also should have been the case with Noah's Ark, described in the bible as standing on a high spot (Genesis 7,17). In our times the Elohim are believed to know the dangerous zones of the earth: wars, environmental pollution, human problems, aids etc.[28] The Pyramido no kai, the society of the pyramid, is convinced of the divinity of the sun and of the Ufo's being nothing else but the souls of human ancestors. Not only the sun goddess Amaterasu and Kōbō Daishi, but also Jesus and Mary, who Kameisan, the foundress of the sect, claims to have saved from many pains, rank under these ancestors.[29]

Since in our decade people feel relieved from war, sickness, and poverty there is all room for spiritual experiences and exchange on one hand and for *asobi*, fine games on the other, which include also physical and bodily exchange. In 1975 in Chiba, the capital of the prefecture of the same name, the founder of the Reiba no hikari kyōkai completed in the midst of a forest a three storey building which he called palace of angels. The surrounding area was named the divine castle. There he constructed also an artificial waterfall for *suigyō*. He believes in the divine power of sake, Japanese ricewine. Therefore on set times he has in his paradise a cup of this divine nectar sacrificed to the gods. In Japan he was made famous by special movies, books, and mangas, cartoons.[30]

[27] The sects ascribe all misery in this world to bad innen, karma. See M. Hirota, 1988: 93ff.

[28] The French origin of this sect is quite interesting. The foundress should have been Pauline Paulilon, who in 1973 at the age of 37 for the first time met an Elohim who explained to her the creation of the world. See M. Hirota, 1988: 53ff.

[29] See Asahi Shimbunsha, 1984: 88ff.

[30] See Asahi Shimbunsha, 1984: 117.

3.3 Individualisation

The third aim of the new new religions is to realize more individualization. Since the Seventies there is in Japan's society a lot of loss of identity. The ideas of management and the value system have been changed. All over the country one can observe not only the dissolution of the old *ie* (great family)-system but also of many nuclear families. The individual sees the ties with his company and with his family loosened and gets the feeling of being lost in this world. This uneasiness becomes apparent in the increasing number of suicides. So the new religions have to see to it that the identity of the individual will be restored. The *shinkōshūkyō* also aimed at the salvation of the individual, who felt himself lost since he moved from the countryside to the large industrial cities. They reached this goal by uniting these individuals in the so called *hōza*, 'dharma-sessions', and *zadankai*, 'groupsessions'. The organisation of these sessions was directed towards a collective solution of the problems of each individual. The main aim in all this seems to consist in the use of these individuals in the organisation of the *shinkōshūkyō*. They had to form a new collective. The members of the *shinkōshūkyō* were prepared for mass meetings and mass behaviour. The methods of the *shin shin-shūkyō*, however, aimed at the new problems of alienation and isolation are different. Sometimes they try to reestablish the identity of the individual just by the recitation of a mantra, meditations or a meeting with the leader of the sect (be it by means of a television set). This meeting has to be paid for indeed. Thus Seigyō Shimada of the Tenshin-ōmikami-kyō meets his faithful through the monitor of a television set which is placed on an altar, adorned with the Japanese flag.[31] Quite a few sects stress the need of a kind of soul-searching: the tracking down of mistakes and shortcomings of the past which are believed to have brought about many inconveniences in modern daily life. Concerning these causes of daily life the idea of *innen, karma,* is in many sects a point of discussion.[32] In the Mikotokai every event is believed to depend on good or bad *innen.* Nisano Toda, the founder of this 'society of life', made once a nasty fall and lost his eye when he was nineteen years old. When the visual power of his other eye also became weakening he intended to commit suicide. Sumiyoshi, the god of the sect, however, appeared unto him and convinced him of his bad *innen* which could be removed by the god himself.[33] The Yamatokai or Daiwakyō, founded on November 21 1983 in Miyasaki

[31] See ASAHI SHIMBUNSHA, 1984: 7.

[32] *Innen,* skt. *hetu-prataya,* is a special Buddhist term meaning *karma.* In has the meaning of a direct cause, which leads to a certain effect, while *en* stands for *an* external and indirect cause. Every deed is done in accordance with *in* and *en.* See R. H. BLYTH, 1965: 129, 130. Sometimes the term *innen* indicates all kinds of causes. The school of the Sarvastivadin for example knows six types of causes. See R. H. BLYTH, 1965: 238. The Sōka Gakkai in its *Shakubuku kyōten* uses the term innen in order to distinguish Buddhism from Christianity. The inferior qualities of Christianity are ascribed to its contempt of the causes and their effects. See J. H. KAMSTRA, 1989: 42.

[33] The Mikotokai is only located in Sapporo and has a membership of about 300 persons. See ASAHI SHIMBUNSHA, 1984: 93–97.

(Kyūshū) counts about 55.000 worshippers. It tries to reconcile evil deeds of the past by means of *innen*-sacrifices, which include also prayers to Mizuko-Jizō, Jizō of the abortive fetus-souls.[34] Seiyū Kiriyama, the founder of the Agonshū, has drawn up the idea of *innen* in more detail. He distinguishes between vertical and horizontal *innen*. The vertical *innen* consist in the ties of the ancestors with their offspring. The horizontal *innen* are the ties of the individual with his former lifes. The difference for example between brothers and sisters, who are descendants of the same parents lies in their various former lifes. The principal *innen* of people keep them away from buddhahood. In order to reach buddhahood the Agonshū proscribes austerities which last thousand days: the *senzagyō*. These thousand days austerities are subdivided in three groups of 333 days each: the *shozā,* 'begin-session', concentrates on the ancestors, the *chuzā,* the 'middle-session', is aimed at one's former lifes, the *manza*, the 'full-session', includes the offspring, and the thousandth day is the day of fulfilment.[35] Kiriyama sees no bright future for individualistic Europe for Christianity lacks the idea of *karma* and the methods to cure bad *innen*. He says: 'Because salvation depends on *karma*, the chances of Europe are very bad. Wars always started in Europe. The third world war will not commence in the Far East and will also be focussed on Europe. The main reason of all this lies in the fact that Christianity does not succeed in saving the world'.[36]

3.4 The Founders

The type of the founders of the *shin shin-shūkyō* deserves special notice for they reflect the problems of their time and at the same time the expectations of their followers. Max Weber united these two aspects in his idea of charisma being the expression of the relation which exists between the leaders and their followers. Charisma is also manifest in the founders of the *shinkōshūkyō* and the *shin shin-shūkyō* for they reflect the situation in which they are living and the hopes of their followers which they try to fulfil. Yet there is a clear difference between the founders of both groups of religions. The founders of the *shinkōshūkyō* experienced the collapse of the country caused by world war II. The expectations of their followers concerned material and physical well-being. Material prosperity and a good health in private life and the strive for world peace in a solid organisation were and still are the main aims of these religions. I mentioned in this paper already the fulfilment of the private desires. The image which the current leaders of the Sōka Gakkai and the Risshō Kōseikai show to the world is that of promotors of worldpeace. With this in mind they pose with pleasure together with the secretary-general of the

[34] See Asahi Shimbunsha, 1984: 110–117. For more details on the bodhisattva Jizō see J. H. Kamstra, 1988: 73–88.

[35] The founder of the Agonshū bases his explanation of *karma* or *innen* on the Agama-literature and the *Sutta Nipata,* which bases the improvement of *innen* on *gyo,* austerities. See T. Yajima, 1985: 193–212.

[36] This reminds me of a very pious teacher in history who once told me that original sin was the main cause of the submarine warfare. See T. Yajima, 1985: 225.

U.N., the Pope or with other officials of any country, so for instance with the prime minister Lubbers or cardinal Alfrink of the Netherlands.[37]

The founders of the *shin shin-shūkyō* on the other hand reflect different situations and other expectations: the wounds of the war are healed and the explosive growth of trade and industry confronts everyone with the insoluble problems of the environment. People are occupied not with the ideas of well-being and health, but with the downfall of our world. Exactly these topics become apparent in the leaders of the *shin shin-shūkyō*. Otherwise than the leaders of the *shinkōshūkyō* they have much in common with the ancient *hijiri* even in their ascetical practice. They institutionalized shamanism in their new religions which not long ago was only confined to the distant areas of North and South Japan. Notwithstanding they have also quite a lot in common with the leaders of the *shinkōshūkyō*, typified by Joseph Spae as follows: 'Their deportment is folksy, their speech is direct and even uncouth in its carefully nurtured dialectical brogue. At all times they keep close to the common man whose ailments they transfer upon themselves, whose hidden aspirations they voice, whose yearnings for safety and deliverance they incarnate. They travel much; they preach relentlessly; they live luxuriously. They bask in adulation and even anthropolatry. Several of them claim to be theophanies, unerringly led by divine inpiration. Others, more modest, are satisfied with the role of prophet or medium. All are proficient in spiritual science. Mystical experiences are common with them. For they commune with gods, demons and ancestral spirits'.[38] As shamans they are on good terms with gods and spirits. Their ascetical practices provide them with magical and supermundane powers, which enable them to perform miracles. The claim of miracles is an element in which the *shin shin-shūkyō* differ from the *shinkōshūkyō*. Modern Japanese authors point out that precisely in the leaders of the *shin shin-shūkyō* three principal elements are united: the mediatorship between gods, spirits and men, the control over all powers of the earth and the ability to preach salvation in a clear language.[39] Many founders of these religions derive their mediatorship and authority from revelations in dreams and visions. In 1982 Jesus and his mother Mary appeared in a dream to Kameisan, the foundres of the Pyramido no kai and asked her to save the souls and also his mother Mary. In almost every biography of the founders of the *shin shin-shūkyō* there are stories about dreams and visions with revelations of Amaterasu, Sakyamuni, Amida, Sumiyoshi and many other deities. I will, however, confine myself to the personality of Seiyū Kiriyama, the founder of the Agonshū. This sect which claims a membership of approximately 1 million believers is the largest

[37] See for the Sōka Gakkai the volumes of Sōka Gakkai International, and Sōka Gakkai, 1985: 5, and for the Rissho Koseikai the volumes of *Dharma* and R. Italiaander, 1982: 96.

[38] See J. J. Spae, 1956: 127.

[39] See T. Yajima, 1985: 82.

sect of the shin *shin-shūkyō*.[40] The sect came into being in 1978. Seiyū Kiriyama was born in Yokohama in the family of a shopkeeper. His original name was Masuo Tsutsumi, but in 1954 he changed it into Kiriyama: the mountain of the *paulownia imperialis*, a special kind of a tree.[41] Failure in business and the lecture of among others Dostojewskis description of murderers and saints led him to monkhood. He undertook to perform the ascetical life of a *yamabushi* by fasting and exposing himself to ice-cold waterfalls and made a choice for the ascetical rules proscribed clearly in the tantristic *mikkyō* or esoterism of the Shingon-sect. According to the rules of this sect he was ordained an ashari. In addition to this he studied psychology and astrology. In 1955 he founded a small society: the Kannonjikeikai: society of the blessings of Kannon. That same year he went to the waterfalls of Fushimi Inari South-eastward of Kyoto and vowed to practice *suigyō* for seven years in wintertime and to fast 3 to 5 days in summertime.[42] He also took the decision not to meet his wife and children for a long time. In 1970 Juntei Kannon appeared to him in a dream and advised him to quit water austerities and to perform instead the more effective *saitogoma*, huge sacrifices of fire.[43] Since then yearly in the month February he performs *saitogoma* on the Hanayama a few miles to the north of Fushimi Inari. In 1971 he wrote the book *Henshin no genri*, the principles of spiritual change. It is a passionate plea in favour of esoterism. The enormous spread of this book allover Japan led since then to an increasing interest in esoteric matters: the *shimpiboom*.[44]

For a long time he earnestly read the *Lotus sūtra*, but he became gradually convinced of its insufficiency due to the fact that it leads to the state of bodhisattva only but not of Buddha himself. On April 8 1978 on occasion of the foundation of the Agonshū he declared: 'We are in great need of great compassion (Buddhism) and love (Christianity). If we like to realize both, we need the highest power and wisdom, preached by Buddha himself. This doctrine will free us from the current chaos, it will guarantee a bright future and is in fact the backbone of mankind. In order to achieve these aims Christianity will have to go hand in hand with Buddhism.' He retraced Buddha

[40] HAYAKAWA estimates the membership of this sect under the 300.000. 30 % of them are under 30 years old, about 40 % live in large cities such as Tokyo, Osaka and Kyoto. K. HAYAKAWA, 1986: 17.

[41] This is the name of a Chinese kind of trees of the family of the *scrophulariacees*. The genus is called after the dutch queen Anna Paulowna (1795–1865).

[42] See T. YAJIMA, 1985: 60ff. Fushimi Inari is a famous place of pilgrimage of the foxgod Inari. See J. H. KAMSTRA, 1989: 179–214.

[43] Juntei Kannon is one of the seven original forms from which later in China and Japan the 32 various shapes of Kannon (Avalokiteshvara) have been developed. The Sanskrit name of Juntei Kannon is: Cunda Avalokiteshvara. Cunda before her union with Avalokiteshvara was one of the twelve famous and deified dharani's. As a special type of Avalokiteshvara she is considered to be the matrix of all buddha's. See A. MATSUNAGA, 1969: 127, 128.

[44] See Ian READER, 1988: 248: 'Certainly the publication of this book is an important event in the movement's growth, for it sold a large number of copies and brought Kiriyama's name before the general public.'

in the oldest collections of Buddhist sutras: the *Agamas.*[45] Hence he called the religion founded by himself: the religion of the *Agamas*: Agonshū. In the year of its foundation the new religion counted one thousand members. Kiriyama is told to have a prophetic eye. So he wrote in 1974: 'Man will be changed into a god or into a demon by means of vibration. This will only happen in religions of the new era: the era of Aquarius. In the 21th century a new virus disease will lead to the downfall of 4 billion of people. There will be starvation and great mortality.' In 1974, the year of this prophecy, aids disease was not known yet. The Agonshū claims also other miracles. Many miracles seem to happen on the mount Hanayama, where every year the *saitogoma* are performed. In 1977 on this mountain which is destined for the construction of the great *sōhonzon*, the main object of worship, a large Buddha statue of stone weighing forty kilograms has been unearthed: a statue of Kongokai Dainichi, which according to the famous archeologist Mosaku Ishida should stem from the Heian period (794–1185). This was not so much a great miracle but a rather spectacular excavation. Ishida points at a hall for Dainichi (Mahavairocana), flanked by Bishamonten to the right and by Fudo to the left, which in the Heian period stood at the site of the Hanayama.[46] On February 5 1978 on the Hanayama the yearly great *goma*-sacrifice and worship of the stars took place. Suddenly the great fire-dragon-god appeared in the fire as a herald of Dainichi. On February 4 1979 it was Fudo-myōo who appeared suddenly in the fire of the *saitogoma.* His figure was five and a half meter high and has been documented photographically.[47] On that moment Hanayama, the mountain of shamans was believed to have been turned into the Pure Land of this world. On February 3 1980 Buddha, Juntei Kannon, Fudo myōo, Marishiten, Bishamonten and other devas one after the other appeared during the *goma*-sacrifice.[48] In 1985 at the great *goma*-sacrifice 700.000 followers attended

[45] The word *Agama* is the Sanskrit term for what is called in Pali *Nikaya:* the excellent teaching of the Buddha. It is the name of the five oldest collections of sutras. In Chinese and Japanese Mahayana-Buddhism only four of these *Agamas* are in use. See E. Lamotte, 1958: 164–167.

[46] See T. Yajima, 1985: 189.

[47] T. Yajima, 1985: 190ff. This god of Hindu origin (Acala) is in Japan amongst the *yamabushi* very popular. Fudō being surrounded himself by a halo of fire (the fire of meditation) has a special relation with the *saitogoma.* He is believed to burn away all kinds of spiritual defilements. His great power lies in: 'overcoming disease, poison and fire, conquering enemies and tempters, and bringing wealth and peace to his devotees' (Alicia Matsunaga, 1969: 248, 249).

[48] See T. Yajima, 1985: 190–192. Marishiten in Sanskrit Marici deva, is another form of the Hindu sungod Surya. In Indian Tantrism she is believed to be an emanation of Vairocana and in Japan this deva is worshipped as the principal protector of the warriors. Special rites in honour of Marici intend to invoke her protection on distant journeys, the earning of fortune, and victory in difficult discussions. See A. Matsunaga, 1969: 255, 256. Bishamonten (Sanskrit: Vaisravana)is one of the four protectors of the universe and in particular of the North. In Japan he is believed to belong to the seven deities of good luck. He is the protector of Dharma, the bestower of faith and the senses of duty and honour. See A. Matsunaga, 1969: 253, 254. See also U. A. Casal, 1958: 20, 21.

the ritual.[49] With their prayers they tried to 'get the Buddhas on the move: for world peace, for the healing of sickness and the salvation of the souls of the deceased and of the *mizuko*', the souls of abortive fetusses.[50] His followers look at Kiriyama as the leader who can dispose of the salvation of mankind and of all kinds of souls and spirits. He accentuates his words with miracles: apparitions and special healings. Thus this man who once solemnly vowed to turn all human beings into Buddhas combines in his person three qualities: he is the shaman who unites man with Buddha, he is a *kami* endowed with powers over heaven and earth, and finally he is an excellent and efficient preacher.

SOME CONCLUSIONS

All these characteristics justify the new name *shin shin-shūkyō*. After a comparison of this new phenomenon with the *shinkōshūkyō* I reach the following conclusions and questions:

1. *How new are the new new-religions?*

The phenomenon of *shin shin-shūkyō* is quite revivalistic: folkreligion did not die out but revives in the *shin shin-shūkyō*.

2. *They are pessimistic.*

Our world is approaching its total downfall. Only extramundane powers: gods or Ufo's can bring salvation. Salvation will not work without miracles.

3. *Japan has a special duty.*

Japan as the Pure Land, as Takama ga hara, as paradise is the only place on earth from where salvation of mankind will be realized.

4. *No doctrines but physical practice and ritual.*

Otherwise than in the established religions with their profound teachings or koans all energy is focussed on purposeful actions: with the body in the form of austerities and sometimes in meditation.

5. *The role of the Yamabushi and Shamans has been adopted by the founders of the shin shin-shūkyō.*

To the present day pastoral work and the solution of daily issues have been a matter of *yamabushi* and *miko*. Their duties have been adopted somehow in an organized form by the new leaders of the *shin shin-shūkyō*.

6. *They are proof of the religious impact on Japan's people.*

The statistics of the N.H.K. inquiry and the fact of the origin of more than 20 *shin shin-shūkyō* since 1973 provide the reverse of European and American statistics: a growth in religion. Modern issues produce religious and not only

[49] The number of participants on occasion of this *Agon no hoshi matsuri* (the starfestival of the Agon) stems of Kiriyama himself as do the figures of the years 1983: 450.000, and 1984: 500.000. According to another research these figures should have been: 1983: 60.000, 1984: 100.000, and 1985: 125.000. See K. HAYAKAWA, 1986: 25.

[50] See T. YAJIMA, 1985: 24ff. The fees to be paid by the faithful are quite large: the admission fee amounts to 16.000 Yen, a sacrifice for the liberation of bad *innen (gedatsu-kuyo)* comes to 100.000 Yen, as does the sacrifice for a *mizuko (mizuko-kuyo)*. See K. HAYAKAWA, 1986: 27. HAYAKAWA met some former members of the Agonshu who paid within three years in fees an amount of 3 million Yen. HAYAKAWA, 1986: 28.

secularized reactions. This is apparent in many ways. Even the Christian churches in Japan notwithstanding a barely increasing number of believers hail many applications for ministry and priesthood.

USED LITERATURE

ASAHI SHIMBUNSHA, *Gendai no chisana kamigami,* Tokyo 1984.

BLYTH R. H., *Japanese-English Buddhist Dictionary,* Tokyo 1965.

BLACKER C., *The Catalpa Bow,* London 1975.

CASAL U. A., *Die sieben Glücksgötter,* Tokyo 1958.

DAVIS W., *Doji: Magic and Exorcism in Modern Japan,* Stanford 1980.

HAYAKAWA KAZUHIRO, *Agonshu, Kiriyama Seiyu shirarezaru shotai,* Tokyo 1986.

HIROTA MIO, *Nippon shin shin-shūkyō,* Tokyo 1988.

HORI I. *Folk Religion in Japan.* Chicago 1968.

ITALIAANDER R., *Ein Mann kämpft für den Frieden,* Freiburg im Br. 1982.

KAMSTRA J. H., 'Japans größte Gefahr – die Sōkagakkai', in: *Zeitschrift für Missionswissenschaft und*

1960 *Religionswissenschaft* 44: 41–51; 98–106.

1986 'Unidentifiable Buddhas and Bodhisattvas of the Asuka Period', in: *Visible Religion,* 1985/86: 50–62.

1987 'Hijiri', in: M. ELIADE ed., *Encyclopedia of Religion,* vol. 6, New York: 321, 322.

1988 'Jizo on the verge of life and death', in: J. H.KAMSTRA ed.: *Funerary symbols and religion,* Kampen: 73–88.

1989 'De oerklank van het woord van de Verhevene als beginsel van eenheid', in: T. CHOWDURY e.a. ed., *Het Kosmisch Patroon,* Tilburg: 49–66.

1989 'Changes in Buddhist attitudes towards other religions: the case of the Soka Gakkai', in: *Zeitschrift für Missionswissenschaft und Religionswissenschaft:* 28–61.

1989 'The goddess who grew into a bodhisattva fox: Inari', in: I. HIJIYA-KIRSCHNEREIT ed., *Bruno Lewin zu Ehren: Festschrift aus Anlaß seines 65. Geburtstages,* Band II, Brockmeyer Verlag, Bochum: 179–214.

KITAGAWA J., *On understanding Japanese Religion,* Princeton 1987.

KOHLER W., *Die Lotus-Lehre und die modernen Religionen in Japan,* Zürich 1962.

LAMOTTE E., *Histoire du Bouddhisme Indien,* Louvain 1958.

MATSUNAGA A., *The Buddhist Philosophy of Assimilation,* Tokyo 1969.

MORI K., *Study of Makiguchi Tsunesaburo: the founder of Soka Gakkai,* Ann Arbor 1977.

MURAKAMI J., 'Shinkoshukyo', in: YANAGI KENJIRO ed., *Gendai Nihon shukyo hihan,* Tokyo 1967: 105–124.

NIHON HOSO KAISHA, *Nihonjin no shukyo-ishiki,* Tokyo 1984.

READER I., 'The Rise of a Japanese "New New Religion"', in: *Japanese Journal of Religious Studies,* 1988: 235–261.

SOKA GAKKAI, *Waves of Peace Toward the New Century,* Tokyo 1985.

SPAE J. J., 'The Religions of Japan', in: *The Japan Missionary Bulletin,* 1956.

SWYNGEDOUW J., 'Religion in contemporary Japanese society', in: *The Japan Foundation Newsletter,* 13 (1986): 1–14.

TAKAGI H., *Shinkoshukyo,* Tokyo 1958. *Shinkoshukyo no miryoku,* Tokyo 1959.

THOMSEN H., *The New Religions of Japan,* Tokyo 1969

YAJIMA TERUO, *Agonshu to Kiriyama Seiyu,* Tokyo 1985.

DIE INDISCHEN MUSLIME ZWISCHEN SÄKULARISMUS UND FUNDAMENTALISMUS

von Ernst Pulsfort

1. Der indische Säkularstaat und der „indische" Säkularismus

Die separatistischen Strömungen in Indien haben in den vergangenen Jahren Schlagzeilen gemacht und tun es weiterhin. So fielen z. B. 1979 bei Unruhen zwischen Muslimen und Hindus im Bundesstaat Bihar rund 1500 Menschen dem sogenannten „Kommunalismus", dem lokalen Vorherrschaftsstreben einzelner Gruppen, zum Opfer.[1] Im Mai 1984 kam es in Bombay und anderen westindischen Städten zu schweren Ausschreitungen zwischen Muslimen und Hindus mit ca. 200 Toten und mehreren hundert Verletzten.[2] Auch in jüngster Zeit reißen die Meldungen über Ausschreitungen nicht ab.

Spätestens das Attentat auf Indira Gandhi hat den labilen Zustand der Indischen Union deutlich werden lassen. Die ethnischen und religiösen Gruppen konnten bislang nicht von einer gesamtindischen Identität überzeugt werden. Wie kaum in einem anderen Land findet sich in Indien eine nur schwer überschaubare Vielfalt von Kulturen, Völkern, Stämmen und Religionen. Seit der Unabhängigkeit hat sich der Staat darum bemüht, keine dieser Gruppen zu bevorzugen. Auf dem Boden eines Säkularstaates nach westlichem Muster wollte man gleiches Recht und Freiheit für alle ethnischen und religiösen Gruppen garantieren. Hieraus ergab sich aber das Problem, im Rahmen eines gesamtindischen säkularen Rechts- und Gesetzeskodex die unterschiedlichen Rechtsordnungen, die für je verschiedene Bevölkerungsgruppen galten, möglichst einheitlich und zugleich für jede dieser Gruppen akzeptabel zu gestalten. Dabei ging es auch um die Frage einer Vereinheitlichung des Muslim Personal Law und dessen Einbeziehung in ein gesamtindisches Rechtssystem.

Bereits die Briten hatten im 19. Jh. das muslimische Strafrecht durch das Anglo-Mohammedan Law ersetzt. 1937 versuchte man, die unter den Muslimen unterschiedliche Rechtsprechung nach hanafitischem, schafiitischem und schiitischem Recht durch den Muslim-Personal-Law-Act zu vereinheitlichen und zu reformieren. Besonders aber in Erb-, Nachfolge- und Besitzfragen wurden und werden Muslime häufig vom Hindu-Recht regiert. All diese Fragen und Probleme wollte man nach der Unabhängigkeit durch eine Vereinheitlichung und Reform des islamischen Rechts und dessen Einbeziehung in ein gesamtindisches Rechtssystem lösen.[3] Angesichts dieses Reform-

[1] Zu den Ursachen der Spannungen zwischen Hindus und Muslimen vgl. KHUSHWANT SINGH, *Why Hindu and Muslim speak Hate,* in: RAHUL SINGH (Hg.), *Khushwant Singh's India,* Bombay 1969, 86–100.

[2] Zu den Beziehungen zwischen Hindus und Muslimen in der jüngsten Geschichte vgl. K. VOLL, *Fundamentalistische Tendenzen unter Hindus und Moslems in Indien,* in: T. MEYER (Hg.), *Fundamentalismus in der modernen Welt,* Frankfurt/M. 1989, 115–192.

[3] Vgl. G. R. THURSBY, *Hindu-Muslim Relations in British India,* Leiden 1975, 62–71.

vorhabens stieß das säkulare Indien aber auf das eigentliche Problem: Gerade wegen der religiösen und ethnischen Vielfalt bestehen auch unterschiedlichste Auffassungen über die Bedeutung von Begriffen wie „Recht", „Gesetz" und „säkular". Westlich orientierte Inder verstehen darunter etwas anderes als traditionsbewußte Hindus oder Muslime. Und zwischen Hindus und Muslimen, die etwa 82 % bzw. 12 % der Bevölkerung ausmachen, gibt es ebenfalls wieder gravierende Unterschiede.

Eine lexikalische Definition des Begriffs Säkularismus, nämlich daß das Leben unter Ausschluß aller Berücksichtigungen und Erwägungen, die aus einem Glauben an Gott oder ein zukünftiges Leben abgeleitet werden können, allein im Hinblick auf das Wohl der Menschen im Diesseits interpretiert und geordnet werden darf,[4] erscheint zwar weitgefaßt, entspricht aber nicht unbedingt dem Geist der indischen Verfassung.[5] Zwar garantiert die Verfassung jedem Bürger Gewissens-, Berufs- und Religionsfreiheit, aber entgegen der lexikalischen Definition wird Gott in der Verfassung eine bemerkenswerte Stellung eingeräumt. Die Eidesleistung bei der Übernahme hoher Staats- und Regierungsämter ist nicht nur unter Anrufung des Namens Gottes erlaubt, die religiöse Eidesformel genießt sogar ein weitaus höheres Ansehen als die profane.[6] Wahrscheinlich hat man in Indien aus diesem Grund versucht, den Begriff Säkularismus dahingehend zu interpretieren, daß Gottgläubigkeit weder einem indisch verstandenen Säkularismus widerspricht, noch als solche bagatellisiert wird.[7] So weist der indische Jurist P. B. Gajendragadkar auch darauf hin, daß indischer Säkularismus nicht notwendig in die lexikalische, von europäisch-westlichem Denken geprägte Kategorie fällt. Indischer Säkularismus erkennt vielmehr die positive Bedeutung und Relevanz der Religion im menschlichen Leben. Diese unterschiedlichen Interpretationen von Säkularismus sorgen unter Indern natürlich für Mißverständnisse. So stellt z. B. S. Abid Husain fest, daß über die Bedeutung des konkreten Aussehens des Säkularismus ein ernstes Mißverständnis besteht, besonders unter den Muslimen. Sie verstehen darunter häufig eine Geisteshaltung westlichen Ursprungs, die Religion als einen der höchsten Lebenswerte marginalisiert. Dabei, so Husain, widerspricht Säkularismus nicht unbedingt per se der Religion bzw. steht ihr nicht unbedingt gleichgültig gegenüber.[8] Die verfassungsmäßige Verankerung des Säkularismus will ja gerade die Gleichberechtigung aller Religionsgemein-

[4] Vgl. F. L. Cross (Hg.), *The Oxford Dictionary of the Christian Church,* London – New York – Toronto 1963, 1236.

[5] Vgl. *The Constitution of India,* New Delhi 1950, Art. 25.

[6] Vgl. ebd., Art. 60, 69, 159 sowie den dritten Anhang.

[7] So erklärte beispielsweise S. Radhakrishnan, Säkularismus bedeute nicht, areligiös oder atheistisch zu sein. Vielmehr betone er die Universalität spiritueller Werte, die auf vielerlei Weise angestrebt werden könnten (vgl. S. Radhakrishnan in seinem Vorwort zu S. Abid Husain, *The National Culture of India,* Bombay 1961, VII).

[8] Vgl. S. Abid Husain, *The Destiny of Indian Muslims,* Bombay 1965, 170.

schaften garantieren und dadurch die Hegemonie einer Gruppe von vornherein vermeiden.[9]

2. Der Säkularismusbegriff und die indischen Muslime

Haben nun aber die indischen Muslime den Säkularismus tatsächlich aus Überzeugung akzeptiert oder nur deswegen, um durch eine eigennützige Interpretation des Begriffs eigene Positionen zu sichern?

Solange keine Übereinstimmung über die Bedeutung des Begriffs Religion herrscht, kann diese Frage nicht befriedigend beantwortet werden. Lexikalisch bedeutet Religion das Anerkennen einer übermenschlichen kontrollierenden Macht und besonders eines personalen Gottes, dem man Gehorsam schuldet.[10] Darüber hinaus ergibt sich aber die viel grundsätzlichere Frage nach den praktischen Auswirkungen dieses Anerkennens und Gehorsams. Handelt es sich dabei bloß um Elemente eines persönlichen, rein privaten Glaubens, oder ergeben sich daraus auch Konsequenzen für das ethische, moralische und soziale Handeln in einer Gemeinschaft? Versteht man Religion im erstgenannten Sinn, dann wird man Säkularismus als Bekenntnis im Sinn Gajendragadkars akzeptieren können, wenn er sagt, die grundlegende Philosophie eines indischen Säkularismus sei mit dem uralten indischen Glauben an die Existenz nur einer einzigen Wahrheit mit jedoch vielen Facetten, und darum auch vielen Wahrnehmungs- und Interpretationsmöglichkeiten vereinbar.[11] Diese Annäherung an den Begriff Säkularismus wie auch an den der Religion bleibt allerdings rein philosophisch. Sie kann nur so lange von Bedeutung sein, wie Religion als Gegenstand des rein privaten Glaubens an etwas Übernatürliches verstanden wird; sobald Religion eine institutionalisierte Form annimmt, gilt diese Annäherung nicht mehr.[12]

Man mag diese Transformation von Glauben und Religion in eine Institution ablehnen oder gutheißen; worum es geht, ist die Tatsache, daß Religion für die meisten Muslime Indiens eben keine Philosophie oder Geisteshaltung ist, sondern eine das gesamte menschliche individuelle und soziale Leben bestimmende Kraft, die, wenn man sich ihr unterwirft, schließlich in ein besseres jenseitiges Leben führt. In diesem Sinn ist Religion für viele Muslime mit jener Art von Säkularismus unvereinbar, die der Religion ihren maßgeblichen und autoritativen Charakter abspricht.

Jene, die Säkularismus und Religion für unvereinbar halten und für eine totale Säkularisierung Indiens eintreten, vermuten, daß die Akzeptanz eines indischen Säkularstaates seitens der Muslime nicht ehrlich ist, sondern aus Berechnung geschieht. Die einflußreiche fundamentalistische Dschamaat-i-

[9] Vgl. P. B. Gajendragadkar, *The Concept of Secularism,* in: *Secular Democracy* (Annual Number) 1970, New Delhi, 71.

[10] Vgl. *Der große Brockhaus* Bd. 9, Wiesbaden [17]1956, 666.

[11] Vgl. P. B. Gajendragadkar, *The Concept of Secularism,* 71.

[12] Vgl. z. B. W. Cantwell Smith, *The Meaning and End of Religion,* Mentor Book 1964.

Islami schürt diese Vermutungen durch z. B. folgende Äußerung: „Niemand, und das gilt besonders für die religiösen Minderheiten, kann die Nützlichkeit des Säkularismus bestreiten, wenn er in dem Sinn verstanden wird, daß der Staat keinen seiner Bürger aufgrund seiner Religion diskriminiert. Falls aber Säkularismus über seine politische Zweckmäßigkeit hinaus in eher philosophischem Sinn verstanden werden sollte, dann werden wir uns davon distanzieren. Säkularismus als Philosophie ist bereits in seiner Grundlage westlich orientiert, und uns fremd.“[13]

Die Dschamaat-i-Islami steht mit dieser Auffassung nicht allein da; die Mehrheit der indischen muslimischen Rechtsgelehrten teilt diese Haltung. Man glaubt anscheinend, daß zwar der Staat säkular bleiben müsse, daß jedoch die Muslime sich dem Säkularismus entziehen könnten.[14] Es geht hierbei nicht um eine heuchlerische Position, denn Säkularismus und Säkularstaat sind in der Tat zwei voneinander recht verschiedene Dinge.

Der Grund für eine solche Betrachtungsweise vom religiösen Standpunkt aus liegt in der Abhängigkeit der Rechtsgelehrten und ihrer Anhänger von der Schariah. Die Schariah ist für die Mehrheit der Muslime ein vollkommenes und unveränderliches, von Gott selbst eingesetztes Gesetz. Sie ist der islamische way of life und umfaßt Glauben, Rituale, öffentliches und privates Recht, Kleidervorschriften, Anstandsregeln, und sie regelt auch die sozialen Beziehungen.[15] Die Rechtsgelehrten und die muslimische Öffentlichkeit verwahrten sich bislang auch aus diesem Grunde gegen jede Reform des Muslim Personal Law mit dem Ziel einer besseren Integration in ein gesamtindisches Rechts- und Gesetzessystem unter Hinweis auf die Identität des Muslim Personal Law mit der Schariah. Der Regierung wird in dieser Frage einer Reform jegliche Kompetenz abgesprochen.[16] Säkularisierungsbemühungen und Säkularstaat werden nur akzeptiert oder abgelehnt auf der Grundlage der Schariah. Die indische Verfassung hat diesen Sachverhalt insofern zu berücksichtigen versucht, als sie die Ordnung des Familien- und Erbrechts den einzelnen Gemeinschaften überläßt.[17]

[13] S. Jamā'at-i-Islāmī ēk ta'āruf (Jamā'at-i-Islāmī, *An Introduction*), Rampur 1960, 24; die gleiche Sicht wurde in einer der Resolutionen wiederholt, die der Advisory Body der Jamā'at am 18. 8. 1970 verabschiedete (veröffentlicht in: *Daily Da'awat,* Delhi 22. 8. 1970).

[14] Vgl. z. B. die monatlich erscheinende Zeitschrift *Al-Furqān,* Lucknow 8/1979.

[15] Vgl. M. Mujeeb, *The Indian Muslims,* London 1967, 57; K. Gräfin von Schwerin, *Die indischen Muslime nach der Unabhängigkeit,* in: R. Italiaander (Hg.), Die Herausforderung des Islam, Göttingen 1987, 136; L. Hagemann: *Zwischen Religion und Politik. Islamischer Fundamentalismus auf dem Vormarsch?,* in: L. Hagemann / E. Pulsfort (Hg.): *Ihr alle aber seid Brüder.* Festschrift für A. Th. Khoury zum 60. Geburtstag, Würzburg–Altenberge 1990, 247.

[16] Vgl. K. Gräfin von Schwerin, *Die indischen Muslime nach der Unabhängigkeit,* 137.

[17] Vgl. R. Khan, *The Changing Role of Religious Minorities,* in: R. Thapar (Hg.), *Tribe, Caste and Religion in India,* New Delhi 1979, 149; in jüngster Zeit hat sich die Regierung unter Rajiv Gandhi der Auffassung der Rechtsgelehrten angeschlossen und ein Gesetz in deren Sinn erlassen, das den Muslimen eine Rechtsprechung nach den Grundsätzen der

Gegenwärtig gibt es unter den indischen Muslimen zwei große Meinungsgruppen zum Problem des Säkularismus und zur Frage einer Reform des Muslim Personal Law: Die Fundamentalisten und die Säkularisten. Diese beiden Gruppen entstanden auf dem Hintergrund verschiedenster Versuche, in der Vergangenheit das islamische Recht zu vereinheitlichen und zu reformieren.

Die Fundamentalisten verstehen das Muslim Personal Law als fundamentalen Teil der Religion, und plädieren daher für eine Aussetzung von Reformen.[18] Für sie wäre nämlich jede Veränderung gleichbedeutung mit einer Aufweichung oder sogar mit einer Aufhebung der Schariah,[19] und damit identisch mit Unglaube und Gottlosigkeit. Sie behaupten daher, jeder Versuch einer Reform oder sogar die Einführung eines gesamtindischen Gesetzeskodex widerspräche dem Ideal des Säkularismus, worunter sie aber wohl primär die Garantie freier Religionsausübung verstehen:[20] Der Staat hat für sie dafür zu sorgen, daß die Muslime in der Ausübung des islamischen Rechts nicht behindert werden. Weil die Fundamentalisten – zu ihnen gehören ein Großteil der Rechtsgelehrten und der muslimischen Massen – glauben, daß die Schariah alle Lebensbereiche betrifft, wird auch jeder Versuch, sie zu unterminieren, übelgenommen. Als etwa Mir Mushtāq Ahmad als ehemaliger Vorsitzender des Secular Forum (Delhi) bemerkte, Säkularismus beinhalte eine Haltung positiven Respekts gegenüber allen Religionen,[21] wurde diese Äußerung durch Maulana Akhlaq Ahmad Qasimi von der Dschammiyat-i-Ulama (Delhi) mit der Begründung zurückgewiesen, Säkularismus dürfe höchstens mit Toleranz, nicht aber mit Respekt in Zusammenhang gebracht werden: „Positiver Respekt erzeugt nichts als Stagnation . . . Zwei sich verschiedene Meinungen können sich zwar gegenseitig tolerieren, aber wie soll man z. B. von einem Humanisten erwarten können, jene zu respektieren, die Menschen aufgrund ihrer Geburt diskriminieren? Wir wissen doch auch, daß Leute, die für das Privateigentum eintreten, nicht wirklich die Befürworter des kollekti-

Schariah erlaubt (vgl. K. Gräfin von Schwerin, *Die indischen Muslime nach der Unabhängigkeit,* 139).

[18] Vgl. z. B. die „Resolution on Muslim Personal Law passed by Working Commitee of Jamʿīyat-i-ʿulamā“, gehalten am 18.–19. 4. 1970 (veröffentlicht in: *Al Jamʿīyat,* Delhi 1. 5. 1970, 19); vgl. ebenfalls Maulana Atiqurrahman Sambhali, *Muslim Personal Law mēn islāhāt,* in: *ʿAzāim,* Lucknow 19. 7. 1970.

[19] Vgl. Mushir Ul Haqq, *Religion, Secularism and Secular State: The Muslim Case,* in: R. Taylor (Hg.), *Religion and Society. The first twenty-five years 1953–1978*, Bangalore 1982, 253–255.

[20] Vgl. Mushir Ul Haqq, *Religion, Secularism and Secular State: The Muslim Case,* 256.

[21] Vgl. Mir Mushtāq Ahmad, *Secularism kā kiyā matlab hai?,* in: *Al-Jamʿiyat,* Delhi 26. 7. 1969, 17.

ven Eigentums respektieren können. Diese Einsicht ist auf jeden Bereich anwendbar, Religion ist einer davon."[22]

Oberflächlich betrachtet könnte man diese beiden einander entgegengesetzten Ansichten für Wortklauberei halten, aber dem ist nicht so. Respekt ist sicherlich etwas anderes als Toleranz, insoweit er die Bereitschaft impliziert, einem anderen Standpunkt entgegenzukommen, die eigene Position eventuell zu überdenken und Vorurteile abzulegen. Toleranz dagegen ist eher passiv, pragmatisch und berechnend. Sie ist raum- und zeitgebunden. Sie erfordert nicht unbedingt Auseinandersetzung und Dialogbereitschaft. D. h. man kann sich gegenüber anderen Auffassungen indifferent verhalten und zugleich tolerant sein; mit Respekt hat das nicht unbedingt viel zu tun.

Wenn auf diesem Verstehenshintergrund die Schariah von der Mehrheit der indischen Muslime als ein für den Islam essentielles und konstitutives Element verstanden wird, wird es begreiflich, daß sie sich gegen jene Kräfte stellen, die eine Reform des Muslim Personal Law innerhalb einer gesamtindischen neuen Rechtsordnung befürworten. Die Fundamentalisten befürchten, daß ein solcher Schritt eine Abkehr von den traditionell überlieferten Verhaltensnormen und Lebensgewohnheiten mit sich bringt, eine Abkehr von der historischen Lebensordnung, und damit auch vom religiös geprägten gesellschaftlichen Verhaltens- und Sittenkodex.[23]

Den Fundamentalisten steht die Gruppe der Säkularisten oder Modernisten gegenüber. Sie traten zuerst zwar nur für eine Neuordnung des Muslim Personal Law ein, plädieren heute aber vielfach für ein vereinheitlichtes und allgemeingültiges gesamtindisches Rechtswesen, weil sie die Idee des Säkularismus ansonsten für nicht tatsächlich verwirklicht halten.[24]

Diese Gruppe hat aber nur wenig Rückhalt unter den Muslimen. Sie gilt als respektlos gegenüber der Schariah. Die Rechtsgelehrten lehnen ihre Äußerungen als nicht überzeugend ab und vermuten dahinter üble Absichten.[25]

Während die Fundamentalisten geeint dastehen, zerfallen die Säkularisten in eine gemäßigte und eine radikale Fraktion. Zu den Gemäßigten gehören jene westlich gebildeten Muslime, die für eine vorläufige Aussetzung der Rechtsform sind, bis sich unter den Muslimen eine gemeinsame aufgeklärte öffentliche Meinung gebildet hat.[26] So vertreten islamische Gelehrte wie Asaf A. A. Fyzee und Yusuf Husain die Auffassung, daß ein Säkularstaat das Ideal einer allgemeinen Rechtsordnung vor der Bevölkerung und den Sonderinteressen einzelner Gruppen schützen müsse. Um eine solche Rechtsreform durchführen zu können, fordern sie auch freiwillige Leistungen seitens der Muslime.

[22] S. Maulana Aklaqh Qasimi, *Secularism: mazhab rawādari,* in: *Al-Jam'iyat,* Delhi 27. 7. 1969, 23.

[23] Vgl. B. E. Meland, *The Secularization of Modern Culture,* Oxford 1966, 3.

[24] Vgl. M. R. A. Baig, *In Different Saddles,* Bombay 1967, 169.

[25] Vgl. Mir Mushtāq Ahmad, *Religion, Secularism and Secular State: The Muslim Case,* 254.

[26] Vgl. K. Gräfin von Schwerin, *Indien,* in: W. Ende / U. Steinbach (Hg.), *Der Islam der Gegenwart,* München ²1989, 312.

Solange die Muslime selbst keine Handlungsbereitschaft zeigen, sehen sie auch die Regierung für nicht handlungsfähig.[27]

Einige gemäßigte Muslime sehen eine Chance für einen Dialog mit den Fundamentalisten darin, daß sie ihnen die Entscheidung über den Umfang der Reformen und Veränderungen überlassen wollen.[28]

Die radikalen Säkularisten hingegen fordern eine sofortige Reform des Muslim Personal Law. Natürlich genießen sie weder das Vertrauen und den Respekt der muslimischen Theologen und Rechtsgelehrten, noch das der breiten muslimischen Bevölkerung. Man wirft ihnen vor, den Islam zu verunglimpfen, um von den Hindus als liberal und progressiv angesehen zu werden.

Alle drei Gruppen, Fundamentalisten sowie gemäßigte und radikale Säkularisten, stehen sich feindlich gegenüber. Obwohl die Kritik der gemäßigten Säkularisten um Nüchternheit und Objektivität bemüht ist, werden sie seitens der radikalen Säkularisten und der Fundamentalisten scharf attackiert. In den Augen der Fundamentalisten schwächen sie die muslimische Gemeinschaft und ihre Interessen, die Radikalen hingegen werfen ihnen vor, ihr Fähnlein stets nach dem Wind zu richten, und bezeichnen sie als Pseudomodernisten;[29] ihre Reformpläne seien mehrdeutig und ließen eher auf orthodoxe Grundhaltungen schließen. Sie gingen in der Auseinandersetzung mit den Fundamentalisten den Weg des geringsten Widerstandes.[30] Für die Radikalen sind die Gemäßigten ängstliche Reformer, denen die Fähigkeit zur Selbstkritik und Distanzierung von der eigenen Tradition fehlt.[31]

Für einen Außenstehenden sind jedoch die Pseudo- von den wahren Modernisten kaum zu unterscheiden. Die Aktivitäten beider Fraktionen bleiben gleichermaßen zumeist im verbalen und allgemeinen stecken. Nur die nichtakademischen Radikalen schlagen deutlichere Töne an: "We have to support Muslim modernism in India. We have to insist on a common personal law ... All marriages must be registered under a common Civil Code ... If either a dargah or a temple obstructs the passage of traffic on a thoroughfare, it ought to be removed. Government should have control over the income of all religious property ... The status of all Indian women should be governed by a single common Civil Code. The purdah should be legally banned ... Family Planning should be made compulsory for all, for example by compul-

[27] Vgl. Yusuf Husain, *Muslim Personal Law,* in: *Nadā'-i-millat,* Lucknow 19. 7. 1970, 5.

[28] Vgl. Ziyaul Husain Faruqi, *Hindustani Musalman aur Secular Riyasat,* in: *Jami'ah,* New Delhi Febr. 1965, 72.

[29] Vgl. Mir Mushtāq Ahmad, *Religion, Secularism and Secular State: The Muslim Case,* 257–258.

[30] Vgl. M. A. Karandikar, *Islam in India's Transition to Modernity,* Bombay 1968, 371.

[31] So werden z. B. M . Mujeeb und S. Abid Husain (beide von der Jamia Millia, Delhi) und Asaf A. A. Fyzee für Pseudomodernisten gehalten, während Mohammad Habib (Aligarh University), Muhammad Yasin (ehem. Kashmir University) und S. Athar Abbas Rizvi als echte Modernisten gelten (vgl. M. A. Karandikar, *Islam in India's Transistion to Modernity,* 372; Hamid Dalwai, *Muslim Politics in India,* Bombay 1969, 43, 97.

sory sterilization of one of the partners after birth of the third child. The Muslims who oppose these reforms should not be entitled to full citizenship right. Those Muslims who oppose reform on the ground of religion should be governed strictly according to the shari'ah law in its entirety. For example, if they are caught stealing, their hand should be publicly whipped. A Muslim woman who is found guilty of adultery should be stoned to death in public."[32]

Dieses Zitat bietet ein gutes Beispiel für die leidenschaftliche Rhetorik der Radikalen.

Im Gegensatz zu den Gemäßigten kümmern sich die Radikalen nur wenig um das religiöse Empfinden der muslimischen Massen. Die vorsichtig taktierenden Säkularisten werden von den Radikalen der blasierten städtischen Bourgeoisie zugerechnet. Sie werfen ihnen vor, die pragmatische und berechnende Haltung der orthodoxen Muslimopposition zur Säkularisierungsproblematik gar nicht aus eigener Erfahrung zu kennen. Die Radikalen wollen mit den Orthodoxen keinerlei Kompromisse eingehen, sondern eine Durchführung einer Rechtsreform völlig von deren Zustimmung unabhängig machen.[33]

Wahrscheinlich drängten die Radikalen in der Vergangenheit aus diesem Grund auch so sehr darauf, im Parlament die Einführung eines einheitlichen gesamtindischen Gesetzbuches voranzutreiben.[34] Tatsächlich steht den Radikalen aber nicht eine relativ kleine Gruppe orthodoxer gebildeter Muslime gegenüber, sondern die Mehrheit der indischen Muslime, für die die Religion einen äußerst hohen Stellenwert besitzt. Die Radikalen scheinen dies nicht genug zu bedenken, denn in den Augen der meisten Muslime sind Familien- und Erbrecht keine Angelegenheit einer gesamtindischen säkularen Rechtsprechung, sondern als religiöse Materie von der Schariah her zu beurteilen. Die Argumente der Reformer, daß nur ein Bruchteil des islamischen Rechts auf den Koran zurückgehe; daß jenes Recht, das auf den Koran gründet, sich auf die Gesellschaft des 7. Jh. beziehe und nicht auf die des modernen Indien; daß der weitaus größte Teil des Rechts von Rechtsgelehrten des Mittelalters nach eigenen Methoden und nicht immer unter religiösen Kriterien erarbeitet worden sei; daß hiervon nur ein kleiner Teil überhaupt in Indien angewandt worden sei; daß schließlich von diesem Rest seit 1772 unter dem Einfluß britischer Rechtspraxis ein weiterer Teil zufällig oder absichtlich verändert worden sei, stoßen dabei weitgehend auf Unverständnis.[35] Die Masse der zumeist schlecht bzw. kaum gebildeten Muslime sieht keinerlei Notwendigkeit einer Rechtsreform; sie steht in starker Abhängigkeit von den fundamentalistischen Rechtsgelehrten.

[32] S. Hamid Dalwai, *Muslim Politics in India,* 98–99.

[33] Vgl. A. B. Shah, *Reform on Muslim Law,* in: *The Times of India,* New Delhi 13. 7. 1969, 13.

[34] Vgl. A. B. Shah, *Reform on Muslim Law,* 13.

[35] Vgl. K. Gräfin von Schwerin, *Indien,* 313.

Bis heute gibt es kaum ernsthafte Anstrengungen seitens der indischen Muslimmehrheit, den Säkularismus voranzutreiben bzw. das islamische Recht zu reformieren. Auch in naher Zukunft ist damit nicht zu rechnen. Denn jene, die dazu fähig wären, leiden unter dem Gefühl, von der Mehrheit ihresgleichen verachtet und allein gelassen zu sein. Sie fühlen sich ihrer Gemeinschaft entfremdet wegen des offenbar unüberwindlichen geistigen Abstands in Fragen der Erziehung, Bildung, Kultur und des Lebensstils.[36]

Und jene, die unter den Muslimen Einfluß besitzen, glauben nicht, daß Religion und Säkularismus unter einen Hut zu bringen sind. Sie sind nicht davon zu überzeugen, daß der Säkularismus keine Aufhebung des islamischen Rechts, sondern lediglich dessen Neuordnung innerhalb eines gesamtindischen Rechtssystems mit sich bringen wird.

Wie schwer allein die Bedeutung des Begriffs Säkularismus für die Muslime zu erfassen ist, zeigt sich auch darin, daß in Urdu, der Sprache der indischen Muslime, das Wort „säkular" mit Wendungen wiedergegeben wird, die eine Indifferenz oder Opposition gegenüber Religion beinhalten, also bereits negativ geprägt sind.[37] Säkularismus gilt als westliche nichtislamische Ideologie. Das tiefe Vertrauen auf das im Mittelalter entstandene und bis heute gültige Rechtssystem erschwert einen positiven Zugang beträchtlich. Aber auch die oft zynischen und vieldeutigen Äußerungen der Säkularisten erregen bei den Orthodoxen Feindseligkeit.[38] Nicht nur die Orthodoxen, sondern auch ein Großteil der muslimischen Bevölkerung zweifelt mittlerweile an der Aufrichtigkeit der Zukunftspläne der Säkularisten und fürchtet die Aufgabe wichtiger Positionen der islamischen Tradition zugunsten einer schleichenden Hinduisierung der Muslime. Dabei fürchtet man nicht so sehr die fundamentalistischen Hindus, denn die kennen ja selbst die Sorge um die Bewahrung ihrer religiösen Identität, sondern den Druck seitens der nichtpraktizierenden säkularisierten Hindus. Man hat Angst, sie könnten den Muslimen den Hinduismus verdeckt unter dem Etikett gesamtindischen Erbes und Traditionsgutes aufzwingen, und sie dazu bringen, ebenso die Schariah als äußerliches Kennzeichen des Islam hinter sich zu lassen. Für viele Muslime stellt sich damit die Frage nach ihrer Identität; sie fürchten die Abnabelung von ihrer eigenen Geschichte und Tradition, und damit den Verlust ihrer Religion.[39] Diese Furcht ist nicht zuletzt begründet in einem Überlegenheitsgefühl der Muslime gegenüber den Hindus, das aus der Zeit der islamischen Vorherrschaft über den Großteil des Subkontinents herrührt. Auch die Teilnahme am Unabhängigkeitskampf gegen die Briten konnte die islamische Hegemonie nicht wiederbringen. Vielmehr mußten sich die Muslime mit einem indisch-

[36] Vgl. A. B. Shah, *Challenges to Secularism,* Bombay 1968, 36.

[37] Vgl. S. Abid Husain, *The Destiny of Indian Muslims,* Bombay 1965, 163.

[38] Vgl. A. B. Shah, *Challenges to Secularism,* 33–34; L. Hagemann, *Zwischen Religion und Politik. Islamischer Fundamentalismus auf dem Vormarsch?,* 248–251.

[39] Vgl. S. Abid Husain, *The Destiny of Indian Muslims,* 163.

islamischen Teilstaat begnügen, der aber nur für 2/3 der indischen Muslime Heimat wurde; das restliche Drittel wurde zu einer relativ kleinen Minderheit und lebt seither in einer Diasporasituation. Die muslimische Intelligenz wanderte nach Pakistan ab, und die Muslime der Indischen Union fühlten sich um das Ziel ihrer Teilnahme am Unabhängigkeitskampf betrogen.[40] Im Grunde hatten sie das Gegenteil von dem erreicht, was sie ursprünglich gewollt hatten: Sie hatten die Übermacht der Hindus noch mehr vergrößert und fürchten darum bis heute, daß die Hindus die eigentlichen Nutznießer eines gesamtindischen einheitlichen Rechtssystems sein könnten, und daß die Ideale der Hindus als nationale Ideale ausgegeben, und die muslimischen Interessen vereinnahmen könnten.[41] "In this connection what is most interesting, and of course most unfortunate, is the fact that nobody from amongst our political giants, nor from amongst our intellectuals, has attempted to define what after all is the mainstream. Perhaps there is a tactic understanding that the customs and traditions, the aspirations and way of life, the beliefs and practices, and loves and hates of the majority community – in toto, to be copied in ditto – is the mainstream. To celebrate Holi not Id is mainstream; namste is mainstream; veneration to cow is mainstream; Hindi is mainstream; and of course, being the abusive enemy No. 1 towards Pakistan is the mainstream."[42]

Das Streben, die muslimische Identität zu erhalten, geschieht also durchaus aus einem teils berechtigten Eigeninteresse, stärkt damit aber zugleich die orthodoxen und fundamentalistischen Kräfte, die wiederum versuchen, nicht-indische islamische Elemente in die islamische Tradition Indiens einzubringen. Das aber wird wiederum von den Hindus für den Aufbau der Nation als schädlich betrachtet. Die ohnehin schon angespannte Atmosphäre wird noch dadurch verschärft, daß fanatische Hinduorganisationen von den Muslimen immer wieder einen Treueid auf die Verfassung und die Nation fordern.[43]

Die Kritik an den Muslimen, sich zu wenig oder gar nicht bei der Verwirklichung und Festigung des säkularen Indien zu engagieren, trifft darum auch nicht ganz. Es wird nur allzugern vergessen, daß ein solches Engagement nicht auf Kosten der Rechte und der Identität der muslimischen Minderheit gehen darf. Die Teilnahme am Säkularisierungsprozeß kann nicht in einer Atmosphäre des Zweifels, des Argwohns und der Verdächtigungen fruchtbar werden. Solange die Ängste der Muslime nicht ausgeräumt werden, kann man nicht mit einem Gelingen einer Reform des Muslim Personal Law

[40] Vgl. R. J. Moore, *The Crisis of Indian Unity: 1917–1940,* Oxford 1974, 22; P. Hardy, *The Muslims of British India,* Cambridge 1972, 190–195.

[41] Vgl. G. R. Thursby, *Hindu-Muslim Relations in British India,* 180–183; J. P. Pinto, *Inculturation through Basic Communities – An Indian Perspektive,* Bangalore 1985, 211–212.

[42] S. Ali Raza Bedar, *The Validity of the Indian Mussalman,* in: *Secular Democracy,* New Delhi Sept. 1968, 15.

[43] Vgl. G. Krishna, *Framework of Minority Politics,* in: R. Thapar (Hg.), *Tribe, Caste and Religion in India,* 163.

rechnen. Zuerst müssen die Möglichkeiten für einen ausgewogenen Dialog zwischen Muslimen und Hindus geschaffen werden.

5. *Schlußbemerkungen*

Der Schlüssel zum Verständnis des mangelnden Echos bei den Muslimen auf den Säkularismus und die angestrebte Reform des islamischen Rechts liegt offensichtlich bei zwei Begriffen: Reform und Tradition. Wenn Säkularismus ein weltliches Leben außerhalb der Kontrolle der göttlichen Ordnung bedeuten soll, dann widerspricht das völlig dem Verlauf der islamischen Geschichte und ist auf muslimischer Seite absolut inakzeptabel. Wenn Säkularismus jedoch die Neutralität des Staates gegenüber der Religion meint, dann steht er auch für die Muslime in gewisser Übereinstimmung mit ihrer Tradition, die zumindest jedem Anhänger einer Buchreligion ein bestimmtes Maß an religiöser Freiheit gewährt. Allein in dieser Konzeption wird wohl ein Ansatzpunkt für das Gespräch mit den indischen Muslimen liegen können.

Auch wenn heute viele Muslime dem Säkularismus und dem säkularen Indien skeptisch oder sogar feindselig gegenüberstehen, sollten sie bedenken, daß die Idee eines gesamtindischen Säkularstaates, der all seinen Bürgern gleiches Recht versprach, auch ihnen die Möglichkeit wiedergab, das Vertrauen in ihre religiöse Zukunft wiederzufinden. Eine selbstherrliche und selbstgenügsame Absolutsetzung dessen, was sie unter einem islamischen Lebensmodell verstehen, manövriert die Muslime in ein ein enges Ghetto. „Da hilft es wenig, sich auf den Koran zu berufen und zu behaupten, daß der Muslim im Koran und in der Sunna des Propheten Muhammads alles findet, was er braucht, um den Glauben und den rechten Weg zu finden.“[44] Alle zukünftigen Versuche jedoch, das Muslim Personal Law seitens des Staates im Alleingang zu ändern, könnten die Muslime der Indischen Union noch tiefer in die Angst vor dem endgültigen Identitätsverlust stürzen, und würden darum nur den islamischen Fundamentalismus stärken. Reformanstrengungen können in Zukunft anscheinend nur unter Beratung durch muslimische Gremien bzw. durch eine eigenständige Ausarbeitung einer solchen Reform seitens muslimischer Fachleute erfolgen.

[44] S. A.-Th. KHOURY, *Fundamentalistische und totalitäre Tendenzen im heutigen Islam,* in: A. GRABNER-HAIDER / K. WEINKE (Hg.), *Angst vor der Vernunft? Fundamentalismus in Gesellschaft, Politik und Religion,* Graz 1989, 94.

TRADITIONELLE FORMEN UND INSTITUTIONEN SCHIITISCHER ERZIEHUNG IN DER GEGENWART AM BEISPIEL DER STADT NADJAF/IRAQ

*von Peter Heine**

Die moderne Geschichte des Iraq ist durch eine Vielzahl interner politischer Konflikte gekennzeichnet, von denen der zwischen sunnitischen und schiitischen Muslimen nicht der geringste ist. Diese Auseinandersetzungen haben teilweise zu zahlreichen, auch militärischen Aktivitäten geführt und auf schiitischer Seite die Gründung von Geheimorganisationen zur Folge gehabt, die durch verschiedene Aktionen für eine größere Beteiligung der schiitischen Bevölkerungsmehrheit an politischen Prozessen eintraten und eintreten.[1] Die Frage der Ursachen für die mangelnde Beteiligung schiitischer Akteure am politischen Geschehen im Iraq ist unterschiedlich zu beantworten. Eine Antwort kann in der unterschiedlichen Struktur der Ausbildung der sunnitischen und der schiitischen Eliten gesehen werden. Junge Schiiten erhielten erst nach dem 1. Weltkrieg die Möglichkeit, moderne Sekundar-Schulen und andere weiterführende Erziehungseinrichtungen zu besuchen. Die dort vermittelten Kenntnisse und Erfahrungen waren für eine politische Karriere in einem sich herausbildenden modernen Nationalstaat von großer Bedeutung. Erst nach und nach erhielten einzelne Angehörige der traditionellen Eliten die Möglichkeit zu einer modernen Ausbildung.[2] Die überlieferten Formen der Wissensvermittlung im schiitischen Milieu behaupteten jedoch weiterhin ihre führende Position im Ausbildungssystem. Es ist daher nicht ohne Interesse, diese traditionellen Formen schiitischer Erziehung im Iraq zu betrachten.

Die Entwicklung der schiitischen Schulen

Auch wenn es in der Folge der Islamischen Revolution im Iran den Anschein haben mag, daß die iranische Stadt Qum[3] die einflußreichste Stätte traditioneller schiitischer Gelehrsamkeit sei, befinden sich die bedeutendsten

* Der vorliegende Aufsatz entstand im Rahmen eines von der Deutschen Forschungsgemeinschaft geförderten Projekts des Förderungsschwerpunktes „Entstehung militanter Konflikte in der Dritten Welt". Zu danken habe ich den Mitarbeitern dieses Projekts I. Morsch M. A. und Dipl.-Soz. R. Stipek für ihre kritische Begleitung sowie Prof. Dr. W. Ende, Freiburg, für zahlreiche Hinweise, Korrekturen und Verbesserungen dieses Textes.

[1] S. dazu: H. Batatu, *Iraq's Underground Shi'a Movements. Characteristics, Causes and Prospects*, in: *Middle East Journal* 35 (1981) 578–594; M. A. Khan, *Iraq: a Sectarian Polity*, in: *Islam and the Modern Age* 31 (1972) 76–99; P. Martin, *Les chiites d'Iraq: une majorité dominée à la recherche des son destin*, in: *Peuples méditerraniéens* 40 (1982) 127–169.

[2] Taufīq al-Suwaidī, *Mudhakkirātī*, Beirut 1960, 76f.

[3] Zu dieser zentral-iranischen Stadt s. M. Bazin, *Qom, ville de pèlerinage et centre régional*, in: *Revue Géographique de l'Est* 1973/1–2, 77–135; A. K. S. Lambton, *An Account of the*

Zentren schiitischen religiösen Denkens doch im Iraq in den heiligen Städten des schiitischen Islams, Kerbela[4] und Nadjaf[5], den 'Atabat.[6] Sie entstanden in der Nähe der Grabmoscheen der großen Persönlichkeiten der schiitischen Religionsgeschichte, 'Alī[7] und Ḥusain.[8] Die Nähe der Heiligen hatte zu einem lebhaften Strom regelmäßiger Besucher und Pilger geführt, der durch die Tatsache verstärkt wurde, daß unter vielen Schiiten der Glaube verbreitet ist, daß diejenigen, die nach ihrem Tod in der Nähe der Gräber der Heiligen ihre letzte Ruhestätte finden, des Paradieses sicher sein können. Diese Hoffnung führte nicht nur zu einem lebhaften Transport von Toten aus allen Teilen der schiitischen Welt nach Kerbela und Nadjaf,[9] sondern auch zur Ansiedlung vieler Schiiten in diesen beiden Städten. Der besondere Charakter von Kerbela und Nadjaf brachte es auch mit sich, daß sich hier zahlreiche Gelehrte des schiitischen Islams niederließen und die Ergebnisse ihrer Studien an ihre Schüler weitergaben. Hinzu kam auch, daß in der Zeit der osmanischen Herrschaft über den Iraq die Einwohner der 'Atabat vom Wehrdienst befreit waren, was vor allem Angehörige der Beduinenstämme der Umgebung veranlaßte, hier vor den türkischen Behörden Schutz zu suchen.[10] Der erste bedeutende Gelehrte, der in Nadjaf seinen Wohnsitz nahm, hier eine Schule errichtete und für eine erste intellektuelle Blütezeit der Stadt verantwortlich war, soll der berühmte Abu Dja'far Muḥammad ibn al-Ḥasan al-Ṭūsī gewesen

Tarikhi Qumm, in: *BSOAS* 12 (1948) 586–596; zur Geschichte des Bildungswesens im Iran s. A. Golschani, *Bildungs- und Erziehungswesen Persiens im 16. und 17. Jahrhundert*, Hamburg 1969; zum Lehrbetrieb in Qum s. M. J. Fischer, *Iran, from Religious Dispute to Revolution*, Cambridge 1980, 61–103, und R. Mottahadeh, *Der Mantel des Propheten*, München 1987 passim.

4 A. Nöldeke, *Das Heiligtum al-Husains zu Kerbela*, Berlin 1909. Für eine in mancherlei Hinsicht zu flüchtige Darstellung von Karbala' und Nadjaf s. J. Berque, *Hier à Nagaf et Karbala'*, in: *Arabica* 9 (1962) 325–342. Zu den Vorzügen von Kerbela gehört, daß die dort begrabenen Toten nicht von den Todesengeln Munkar und Nakir befragt und gequält werden.

5 Glaubenspflichten, die in Nadjaf, das von 'Ali sehr geschätzt wurde, erfüllt werden, wiegen nach schiitischer Tradition bei Gott um ein Vielfaches mehr als deren Erfüllung an anderen Orten, s. Dja'far b. al-Shaykh Āl Maḥbuba al-Nadjafi, *Mādī al-Nadjaf wa-Ḥādīruhā,* Bd. 1, Saidā 1353/1934, 12f.

6 Vollständig *al-'atabāt al-'aliyya* (hohe Schwellen) oder *al-'atabāt al-muqaddasa* (heilige Schwellen) werden die vier schiitischen heiligen Städte im Iraq: Nadjaf, Kerbela, Kazimayn (oder Kazimiyya) und Samarra genannt, s. *EI*, Suppl. 94ff.

7 Über den Neffen und Schwiegersohn des Propheten Muhammad s. *EI* I, 381–386.

8 Über den Prophetenenkel s. *EI*, 603–615.

9 S. W. Ende, *Eine schiitische Kontroverse über Naql al-Gana'iz*, in: *ZDMG* Suppl. IV (1980) 217–218; für wie wichtig Schiiten diesen Brauch halten, zeigt eine Erfahrung, die der osmanische Verwaltungschef von al-Suwaira im Südiraq kurz vor dem 1. Weltkrieg machen mußte. Sein Vorschlag, in dem Ort eine Straßenbeleuchtung einzurichten, wurde von der Bevölkerung mit der Begründung abgelehnt, man brauche das Geld für die Waschung und den Transport von Toten nach Nadjaf, s. 'Abd al-Azīz al-Qaṣṣāb, *Min Dhikrayātī*, Beirut 1962, 87.

10 Muḥsin 'Abd al-Ṣāḥib al-Muẓaffar, *Madīnat al-Nadjaf al-kubrā*, Baghdad 1982, 82.

sein, der im Jahre 448 H./1067 Chr. hierher übersiedelte.[11] Aus den privaten Gesprächszirkeln einzelner Gelehrter erwuchsen regelrechte Schulen. Doch bis in die Gegenwart bilden die Privathäuser der Gelehrten die Basis der Einrichtungen, in denen die islamischen Wissenschaften gepflegt werden.[12] Nach dem Vorbild von al-Ṭūsī entstanden in den folgenden Jahrhunderten zahlreiche Institutionen unterschiedlicher Größe und Bedeutung, in denen die prägendsten Gestalten der schiitischen Theologiegeschichte lebten, studierten und lehrten. Die Anzahl der verschiedenen Einrichtungen zum Erwerb traditionellen Wissens werden als so zahlreich und in allen Teilen der Stadt verbreitet beschrieben, daß ein Autor davon spricht, daß ganz Nadjaf eine einzige große Schule sei. Das gesamte öffentliche Leben sei von diesem Geist der Gelehrsamkeit durchdrungen. Von überall her höre man laute oder leise Stimmen, die ein theologisches oder rechtliches Problem diskutierten und man könne davon ausgehen, daß in Nadjaf zwei Personen, die in ein Gespräch vertieft seien, sich über wissenschaftliche Fragen unterhielten.[13] Eine einzige moderne Schule wurde in Nadjaf im Rahmen türkischer Erziehungsreformen eingerichtet.[14] Erst nach dem 1. Weltkrieg wurden weitere Schulen eines modernen Typs eingerichtet. Hinzu kamen moderne Privatschulen, die in vielen Fällen durch das iranische Erziehungsministerium kontrolliert und teilweise finanziert wurden.[15] Neben den Schulen unterschiedlichster Form sind in Nadjaf bis heute auch zahlreiche Verlage und Druckereien ansässig, die mit ihren Einzelpublikationen und zahlreichen Periodika der wissenschaftlichen Diskussion ein vielfältiges Forum bieten.

Die große Bedeutung Nadjafs für die schiitische Gelehrsamkeit hat dazu geführt, daß die Stadt zu einem Anziehungspunkt von Studenten und Gelehrten aus allen Ländern wurde, in denen Schiiten leben. Das hat nach der Ansicht schiitischer Beobachter zu einer kosmopolitischen Atmosphäre beigetragen, in die die Angehörigen der unterschiedlichen ethnischen Gruppen und Nationen ihre besonderen Eigenheiten miteinbringen. So sei auch der Hori-

[11] Muḥammad Mahdī al-Asafī, *Madrasat n-Nadjaf wa taṭawwur al-ḥaraka al-iṣlaḥīya fīhā,* Nadjaf 1964, 4–7; über Muḥammad al-Ṭūsī († 1067) s. T. Nagel, *Staat und Glaubensgemeinschaft im Islam. Geschichte der politischen Ordnungsvorstellungen*, Band 1, Zürich 1981, 211f.

[12] Diese Entwicklung von Lehrinstitutionen aus privaten Initiativen ist nicht speziell schiitisch oder typisch für den Iraq. Sie findet sich auch in anderen Teilen der islamischen Welt, s. A. S. Tritton, *Materials on Muslim Education in the Middle Ages*, London 1957, 98ff.

[13] Asafī, 1964, 35; weniger enthusiastische Autoren wie Maḥbūba, 1934, 98f.; Muḥsin ʿAbd al-Ṣāḥib al-Muẓaffar, 1982, 50f., nennen lediglich 20 Lehreinrichtungen von Bedeutung. Bei dieser Zahl ist jedoch nicht klar, ob sie auch die propädeutischen Formen des Unterrichts mit einschließt.

[14] Sie wurde vor allem von den Kindern der türkischen sunnitischen Verwaltungsangehörigen besucht. Kennzeichnend für die Distanz traditioneller Kreise zu dieser Form der Erziehung ist die Tatsache, daß das Gründungsdatum dieser modernen Schule nicht bekannt ist oder nicht genannt wird.

[15] Maḥbūba, 1934, 98f.; für Einzelheiten s. Muḥammad al-Barrāk, *Al-madāris al-yahūdiyya wa-l-īrāiyya fī-l-ʿIrāq,* 2. Aufl., Baghdad 1985, 93–106.

zont der Gelehrten und Studenten erweitert worden.[16] Diese Darstellung muß jedoch wohl als Idealisierung betrachtet werden; berichten doch andere Quellen auch von Auseinandersetzungen zwischen Studenten unterschiedlicher nationaler und ethnischer Herkunft, die bis zu Prügeleien führen konnten.[17]

Traditionelle Schulen islamischer Gelehrsamkeit werden in der gesamten islamischen Welt als *„Madrasa"*[18] oder als *„Djāmi'a"*[19] bezeichnet. Eine deutliche Unterscheidung in der Verwendung der beiden Begriffe läßt sich in der hier ausgewerteten Literatur nicht feststellen. Die *Madrasa* (pl. mādāris) stellt eine Form der Erziehung dar, wie sie auch aus der westlichen Tradition bekannt ist,[20] lassen sich in ihr doch zahlreiche Parallelen zu der jüdischen *Yeshiwa* und dem Studium des katholischen Mittelalters feststellen. Alle drei Formen der Wissensvermittlung haben seit dem 13. oder 14. Jahrhundert einen Teil ihrer Dynamik und Kreativität verloren. Im christlichen Europa entwickelten sich aus der Reformation, den Bedürfnissen der preußischen Bürokratie und der industriellen Revolution moderne Universitäten, die in Halle oder Berlin entstanden und nicht aus den alten Universitäten Bologna, Paris oder Oxford

[16] ASAFĪ, 1964, 38f.; diese übernationalen Verbindungen haben es mit sich gebracht, daß in Zeiten, in denen es zu Spannungen z. B. zwischen dem Staat Iraq und dem Iran kam, die Stadt von iraqischen Regierungsstellen als unzuverlässig angesehen wurde. Auch die Tatsache, daß aus allen Teilen der schiitischen Welt Geldspenden nach Nadjaf gelangten (s. z. B. J. R. I. COLE, *Indian Money and the Shi'i Shrine Cities of Iraq*, 1786–1850, in: *Middle Eastern Studies* 22 [1986] 461–480), hat zu allen Zeiten den Verdacht der Sicherheitsbehörden hervorgerufen; als Dokumentation für die mißtrauische Haltung zentraler iraqischer Sicherheitsbehörden s. BARRĀK, 1985, 143–158.

[17] MAḤBŪBA, 1934, 93; auch die gewalttätigen Auseinandersetzungen zwischen verschiedenen Stadtvierteln von Nadjaf im 19. Jh., die 'ALI AL-WARDĪ, *Lamaḥāt al-idjtimā'iyya min tārīkh al-'Irāq al-ḥadīth*, Bd. 1, Baghdad 1969, 224, analysiert, lassen an dem Bild der Gelehrten-Gemeinschaft zweifeln, s. dazu auch S. WIRTH, *Eine „fitna" in Nagaf. Vorgeschichte und Folgen eines internen Konfliktes im 19. und 20. Jahrhundert*, M. A.-Arbeit, Hamburg 1985; für eine vergleichbare Situation in Kerbela s. J. COLE u. M. MOMEN, *Mafia, Mob and Shi'ism in Iraq: The Rebellion of Ottoman Kerbela 1824–1843*, in: *Past and Present* 112 (1986) 112–143; Kritik an der Lehr- und Lernsituation in Nadjaf übte ein anonymer iraqischer Autor, wahrscheinlich der Mitherausgeber der Zeitschrift *Lughat al-'Arab*, AL-DUDJAILĪ. Die arabische Version seines Artikels in: *Lughat al-'Arab* 2 (1912) 439–444, ist sehr viel vorsichtiger formuliert als der französische Text, in: *Revue du monde musulmane* 23 (1913) 268–279.

[18] Gebildet von der Wurzel drs lehren; Madrasa ist der Ort, an dem gelehrt wird; generell s. Art. „Madrasa", in: *EI*, Bd. 5, 1123–1154.

[19] Djāmi'a bedeutet eine Institution, die verschiedene Menschen bindet oder zusammenbringt (von der Wurzel djm', sammeln) und wird im modernen Arabisch für „Universität" gebraucht; s. im übrigen den Art. Djami'a in: *EI*, II, 422–427.

[20] Vgl. in bezug auf das traditionelle europäische und islamische Geschichtsverständnis G. VON GRUNEBAUM, *Studien zum Kulturbild und Selbstverständnis des Islams*, Zürich 1969, 28.

hervorgingen.[21] Auch die jüdische *Yeshiwa* verlor mehr und mehr an Bedeutung für die jüdischen Gemeinden in der Diaspora, wenn sie auch weiter besteht.[22] Noch 1980 meinte Michael M. J. Fisher, daß auch die islamische *Madrasa* einen ähnlichen Bedeutungsverlust erlitten habe.[23] Die neueste historische Entwicklung hat jedoch gezeigt, daß diese Ansicht zumindest für den Bereich des schiitischen Islams überprüft werden muß.[24]

Die westliche, auch von muslimischen Reformern des 19. und 20. Jahrhunderts geteilte Auffassung vom geringen Wert der *Madrasa* für die gesellschaftliche Entwicklung beruhte darauf, daß man ihr jede Bereitschaft zu Innovationen absprach.[25] Ihre Aufgabe sei es, in erster Linie die überkommenen traditionellen Werte und das überlieferte Wissen der islamischen Welt an nachfolgende Generationen weiterzugeben, ohne dabei ein besonders kritisches Vermögen zu entwickeln. Richtig an dieser Beobachtung ist sicherlich die Feststellung, daß sich die *Madrasa* in ihrer Konzentration auf die Tradition von modernen Erziehungssystemen unterscheidet. Damit hängt auch eine viel stärkere Betonung der oralen Tradition (Mündlichkeit) gegenüber der schriftlichen Fixierung (Schriftlichkeit) von Lerninhalten zusammen. Noch in jüngster Zeit wurde in vielen traditionellen islamischen Gesellschaften die Bewahrung und der Erwerb von Wissen durch mündliche Vermittlung der Aneignung durch Bücher vorgezogen.[26] Daß zumindest die schiitische *Madrasa* auch die Fähigkeit zur Innovation besitzt, läßt sich an einer Vielzahl von theologiegeschichtlichen Beispielen belegen. Hier sei nur an den *Akhbārī-Uṣūlī*-Streit[27]

[21] Zur Geschichte der traditionellen europäischen Gelehrsamkeit s. Ch. H. Haskins, *Studies in the History of Medieval Science*, Cambridge 1927; H. Rashdall, *The Universities of Europe in the Middle Ages*, Oxford 1895.

[22] C. Grade, *The Yeshiva*, New York 1976; A. Menes, *Patterns of Jewish Scholarship in Eastern Europe*, in: L. Finklestein (Ed.), *The Jews*, New York 1960.

[23] Michael M. J. Fisher, *Iran. From Religious Dispute to Revolution*, Cambridge, Mass. 1980, 12.

[24] Es steht außer Zweifel, daß die traditionelle *Madrasa* zumindest im Iran nach der islamischen Revolution erhebliche Veränderungen in ihren Inhalten und Methoden erfahren hat. Durch diese Anpassung an geänderte Verhältnisse hat sie sich jedoch ihren Einfluß in islamischen Gesellschaften bewahren können. Für den Iraq liegen diesbezüglich noch keine Untersuchungen vor. Für den Iran beziehe ich mich auf entsprechende Mitteilungen von Prof. W. Ende, Freiburg, und Prof. B. G. Fragner, Bamberg.

[25] Unter den Muslimen ist z. B. Sir Sayyid Ahmed Khan in Indien zu nennen; über ihn s. C. W. Troll, *Sayyid Ahmad Khan. A Reinterpretation of Muslim Theology*, New Delhi 1978; in bezug auf die Verhältnisse in Nadjaf noch zu Ende der 70er Jahre s. M. Jamali, *The Theological Colleges of Najaf*, in: *Arabic and Islamic Garland. Historical, Educational and Literary Studies Presented to Abdul-Latif Tibawi by Colleagues, Friends and Students*, London 1977, 135–140, hier 139f.

[26] D. Eickelman, *Knowledge and Power in Morocco. The Education of a Twentieth-Century Notable*, Princeton 1985, 62f.

[27] Die *Uṣūlī*-Gruppe vertrat das Prinzip der Anwendung der Vernunft in der Rechtsfindung, die *Akhbārī*-Gruppe wollte demgegenüber ausschließlich die Überlieferung des Propheten und der ersten elf Imame gelten lassen. Dieser stets in schiitischen

innerhalb der Schia erinnert, vor allem aber an die politischen Theorien des Ayatollah Khomayni.[28] Kennzeichnend für derartige Innovationen ist, daß sie, im Gegensatz zu westlichen Entwicklungen, nicht mit den überlieferten Traditionen brechen, sondern aus ihnen heraus ihre Neuerungen entwickeln. Von einigen westlichen Autoren ist in diesem Zusammenhang von *„invented traditions"* gesprochen worden.[29] Darunter wird verstanden, daß Quellen und Traditionen aus jüngerer Zeit auf die Frühzeit des Islams reprojiziert werden, um ihnen so größere Autorität zu verleihen, oder daß reine Fiktionen als historische Fakten angesehen, tradiert und zur Legitimierung gesellschaftlicher Verhältnisse instrumentalisiert werden. Bei einigen zentralen Termini der gegenwärtigen islamischen Diskussion, z. B. bei dem bedeutsamen *„Islām dīn wa-daula"* (Islam ist Religion und Staat zugleich), ist der begriffsgeschichtliche Nachweis für derartige Manipulationen auch gelungen.[30] Die *„invented tradition"* muß jedoch als etische Kategorie[31] bezeichnet werden. Zur Aufklärung der aktuellen gesellschaftlichen Realitäten kann ihre Verwendung kaum beitragen. Sie verschleiert im Gegenteil diese Realitäten, da sie diese mit „objektiven" Kriterien wie dem der Historizität in Frage stellt. Die Vorstellung von der „erfundenen Tradition" übersieht auch, daß sich in einer innerislamischen Diskussion nur solche Positionen gesellschaftlich durchsetzen können, die von einer Mehrheit der Muslime akzeptiert werden, gleichgültig

Gelehrtenkreisen schwelende Konflikt kulminierte in Auseinandersetzungen des 18. Jahrhunderts, in denen sich die Vertreter der *Uṣūlī*-Gruppe weitgehend durchsetzten, s. B. Fragner, *Von den Staatstheologen zum Theologenstaat: Religiöse Führung und historischer Wandel im schiitischen Persien*, in: *Wiener Zeitschrift für die Kunde des Morgenlandes* 75 (1983) 73–98, hier 90.

[28] Die Literatur zu dieser Persönlichkeit von zeitgeschichtlicher Bedeutung ist nicht mehr zu übersehen. Hier sei nur auf: K. Göbel, *Moderne schiitische Politik und Staatsidee*, Opladen 1984, 141–240, verwiesen.

[29] Der Begriff stammt ursprünglich von B. Lewis, der in seinem Buch: *History remembered, Recovered, Invented*, Princeton 1975, im 3. Kapitel zahlreiche Beispiele für die „Erfindung" von Traditionen aus den Bereichen der politischen und Wissenschaftsgeschichte beibringt; für die Anwendung des Begriffs in der neueren Geschichtswissenschaft s. E. Hobsbawn, *Introduction: Inventing Traditions*, in: E. Hobsbawn u. T. Ranger (Ed.), *The Invention of Tradition*, Cambridge 1983, 1–14, hier 2–5.

[30] Prof. R. Schulze (Bochum, Bonn) arbeitet zur Zeit an dieser Thematik. Eine entsprechende Publikation in der Zeitschrift *„Die Welt des Islams"* ist in nächster Zeit zu erwarten.

[31] In der neueren Ethnologie wird von „etischen" und „emischen" Kategorien gesprochen. Die Begriffe sind abgeleitet von den linguistischen Termini „phonetisch" und „phonemisch". Als „etisch" werden von der Ethnologie solche Beschreibungen und Erklärungen gesellschaftlicher Vorgänge bezeichnet, bei denen Kategorien, Modelle und Muster verwendet werden, die nicht aus der beschriebenen Kultur stammen, während „emisch" all die Darstellungen und Interpretationen der Ethnologie sind, die sich auf die Erklärungsmuster der beschriebenen Kultur selbst stützen; zur inner-ethnologischen Diskussion um dieses Begriffspaar s. für emische Positionen W. H. Goodenough, *Description and Comparison in Cultural Anthropology*, Chicago 1968; ders.: *Culture, Language and Society*, Reading 1971; für etische Positionen s. R. M. und F. M. Keesing, *New Perspectives in Cultural Anthropology*, New York 1971.

wie alt oder historisch gesichert die Begründungen für derartige Neuerungen sind.

Einer der häufigsten Vorwürfe, die der traditionellen islamischen Gelehrsamkeit gemacht werden, ist der der unkritischen Weitergabe älteren Wissens.[32] Auch diese Kritik geht am Selbstverständnis islamischer Gelehrter vorbei. Die Hinterfragung aller traditionellen wissenschaftlichen Positionen gehört zu der Grundhaltung, die die *'Ulama'* nach ihrer eigenen Einschätzung von jeher ausgezeichnet hat. Kritik ist an allen, auch hohen religiösen Autoritäten möglich. Ausgenommen ist selbstverständlich der Koran, der als unerschaffenes Wort Gottes außerhalb jeder Kritik, auch der Textkritik steht. Anders steht es schon mit den Prophetentraditionen (*Ḥadīth*). Hier haben sich deutliche Differenzen entwickelt. Sunniten erkennen eine Vielzahl von Traditionen nicht an, die von Schiiten als autoritativ angesehen werden und umgekehrt. Beispielsweise sind für Schiiten all die Hadithe nicht akzeptabel, in deren Überliefererkette die Lieblingsfrau des Propheten Muḥammad, Ā'isha, eine politische Gegnerin 'Alis, oder der Khalif 'Umar genannt werden.[33]

Das Curriculum

Im folgenden soll versucht werden, anhand neuerer iraqischer Darstellungen einen Überblick über das Selbstverständnis traditioneller schiitischer Gelehrter und über ihre Sicht der Struktur der Institutionen, in denen sie tätig sind, zu geben. Die Historiker der schiitischen Lehrinstitute in Nadjaf unterteilen das traditionelle Studium in drei Phasen: eine propädeutische Phase (*dirāsāt al-muqaddama*), eine mittlere Phase (*dirāsāt al-suṭūḥ*) und eine Phase der höheren Studien (*dirāsāt al-khāridj*).[34] In der einleitenden Phase seines Studiums wurde der angehende Religionsgelehrte mit Grundbegriffen und wichtigen Schwerpunkten von Literatur (*adab*) und Logik (*manṭiq*), mit arabischer Grammatik (*naḥw*), Rhetorik (*'ilm al-balāgha*) und Prosodie (*'arūda*) bekannt gemacht. In der zweiten Studienphase lernte er die Grundlagen des islamischen Rechts (*uṣūl al-fiqh*) und der Philosophie (*falsafa*) kennen. Man unterscheidet hier grundsätzlich zwischen zwei Arten von Lektüre, der in der Klasse und der privaten. Die didaktische Form, in der hier vorgegangen wurde, bestand darin, daß den Lernenden aufgegeben wurde, festgelegte autoritative Texte so lange zu memorieren, bis sie sie auswendig kannten. Eine inhaltliche Auseinandersetzung fand in dieser Phase nicht statt. Bei der Auswahl dieser Lektüre wurde Rücksicht auf die Herkunft der Studenten

[32] Derartige Vorwürfe stammen auch von modernen Muslimen, die darin eine der Ursachen für das unterschiedliche Tempo gesellschaftlicher und technologischer Entwicklungen im Vergleich zu Europa sehen, s. z. B. G. von Grunebaum, 1969, 229–272.

[33] Zu den schiitischen Hadith-Sammlungen s. H. Löschner, *Die dogmatischen Grundlagen des schiitischen Rechts* (Erlanger Juristische Abhandlungen 9) Köln 1971, 91–107.

[34] Asafī, 1964, 8.

genommen. Die Titel[35] für arabische Studenten unterschieden sich von denen der iranischen. Im grammatikalischen Bereich zählten zur Lektüre in der Klasse Werke sunnitischer Autoren wie das *Kitāb al-Adjurūmiyya*,[36] der *Sharḥ Qaṭr al-Nadā* von Ibn Hishām,[37] der *Sharḥ al-Khulāṣa* von Ibn Malik,[38] das *Kitāb al-Luma'* von Ibn Djinni.[39] Im Bereich der Logik wurde z. B. die *Ḥāshiyya* des Mullah Abdullah[40] genannt. Für die Fortgeschritteneren stand *al-Djauhar al-Nādī* von Ibn Muṭahhar al-Ḥillī[41] zur Verfügung. Im Fiqh wurden verschiedene Autoren verwendet, von denen al-Taftazānī,[42] und zahlreiche Werke des Murtaḍā al-Anṣāri zu nennen sind.[43] Vor allem aber vermittelten die Lehrer ihre eigenen Kommentare zu bedeutenden Werken des entsprechenden Themenbereichs. Das bedeutet, daß diese Werke nach deren Tod oft in Vergessenheit gerieten.[44]

In dieser zweiten Phase wurde nach folgender didaktischer Methode vorgegangen. Lehrer (*Shaykh*, *Ustādh*) und Studenten (*Ṭālib*, pl. *Ṭullāb*) einigten sich auf ein Buch, nach dem vorgegangen werden sollte. Stück für Stück las der *Shaykh* dann diesen Text vor und erläuterte den Studenten die komplizierten oder unklaren Passagen. Diesen Erklärungen folgten kritische Anmerkungen des Lehrers zu diesem Buch und sein persönlicher Standpunkt zu den in dem Text angesprochenen Themen. Im Anschluß daran hatten die Studenten die Möglichkeit, ihre Gedanken dazu vorzutragen, die vom *Shaykh* ergänzt oder korrigiert werden konnten.[45] Diese Unterrichtspraxis hat bis auf den heutigen Tag kaum Veränderungen erfahren.

Nach dieser Studienphase folgte die abschließende externe Phase, in der der Student seine Studien nicht mehr nach vorgegebenen Stoffen organisierte, sondern sich selbst entscheiden konnte, mit welchem Fach er sich beschäftigen wollte und welche Quellen er seinen wissenschaftlichen Bemühungen

[35] Die Verwendung der im folgenden genannten Texte ist vielfach belegt; neben den Darstellungen von Asafī, 1964, Maḥbūba, 1934 und Jamali, 1977 s. auch Muḥammad 'Alī Kamāl al-Dīn, *Sa'd Ṣāliḥ*, Baghdad 1949, 87f.; 'Ali al-Khāqāni, *Shu'arā', al-ghāra*, Bd. 4, Nadjaf 1954, 125; 'Ali Kāshif al-Ghiṭā', *Sa'd Ṣāliḥ fi mawāqifihi al-waṭaniyya*, Baghdad 1989, 34.

[36] C. Brockelmann, *Geschichte der Arabischen Literatur* (Abk. GAL), 2. den Supplementbänden angepaßte Auflage, Leiden 1943–49. Dazu Supplementbände 1–3, Leiden 1937–42, II 237, S II 186.

[37] *GAL* S II 446, 512f., 950.

[38] *GAL* I 299.

[39] F. Sezgin, *Geschichte des arabischen Schrifttums* (Abk. GAS), Bd. IX, Leiden 1984, 173–182; s. a. U. Haarmann, *Religiöses Recht und Grammatik im klassischen Islam*, in: *ZDMG* Supplement 2 (1974) 149–169.

[40] Dieses Buch wurde auch im iranischen Qumm zur Vermittlung der formalen Logik verwendet, s. Mottahadeh, 1987, 69.

[41] *GAL* II 164, S I 982.

[42] *GAL* II 215.

[43] *GAL* S II 832.

[44] Un Mesopotamien, *Le programme des études chez les Chiites et particulièrement chez eux de Nedjéf*, in: *Revue du Monde Musulmane* 23 (1913) 263–279, hier 275.

[45] Asafī, 1964, 9.

zugrunde legte. Wenn er sich mit der Primärliteratur des entsprechenden Fachs auseinandergesetzt hatte, wandte er sich dem zu, was verschiedene 'Ulama', zu seinem Thema gesagt bzw. geschrieben hatten, d. h. er erarbeitete sich die vorhandene Sekundärliteratur. Auf der Grundlage dieser Quellen versuchte der Student, sich eine eigene Meinung zu dem entsprechenden Thema zu bilden. So vorbereitet, wandte er sich dann an eine wissenschaftliche Autorität (*Ustādh*) für seine Thematik. Hier wurde er mit Positionen konfrontiert, die in vielen Fällen von den eigenen mehr oder weniger stark abwichen. Nach langen Diskussionen und kritischen Auseinandersetzungen setzten sich dann die Vorstellungen des Lehrers gegen die des Studenten durch, was von den schiitischen Beobachtern damit begründet wird, daß dieser in einem viel größeren Maße mit dem Stoff vertraut war, als es ein Student sein konnte. Um eine wissenschaftliche Autorität bildeten sich Gesprächs- und Diskussionszirkel, denen bis zu 1000 Studenten oder mehr angehören konnten. So wird berichtet, daß an den Kollegs von Akhund al-Khorasānī,[46] dem Verfasser von zahlreichen bedeutenden Werken zum schiitischen Recht, neben einer Vielzahl von Gelehrten mehr als 2000 Studenten teilgenommen hätten. Abhängig war die Größe der Anhängerschaft eines Gelehrten von seinem wissenschaftlichen Ruf, aber auch von seinen didaktischen Fähigkeiten. Im Verlauf dieses letzten Abschnitts seines Studiums arbeitete der Student die wichtigsten Werke zum islamischen Recht und zum Koran durch, bis er die Kenntnisse und Fähigkeiten des *„Idjtihād"*[47] erreicht hatte und einen eigenen Studienzirkel einrichten konnte, an dem vor allem Studierende der mittleren Phase teilnahmen. Bis zur Erlangung des *Idjtihād* können mehr als 25 Jahre vergehen. Im Verlauf dieser langen Zeit sollte der Student auch mit anderen wissenschaftlichen Fächern vertraut gemacht werden, wie z. B. Arithmetik, Geometrie, Astronomie, Prosodie oder auch einer Fremdsprache. Da nur eine geringe Zahl von Studenten in der Lage war, ein derartig langes Studium zu finanzieren, lebten sie häufig in an eine *Madrasa* angeschlossenen Unterkünften, in denen sie auch verpflegt wurden. Die Kosten für diese Einrichtungen wurden von verschiedenen „Frommen

[46] Über ihn s. den Art. *Khurasānī*, in: *EI* V, 61–62.

[47] *Idjtihad* ist die selbständige Entscheidung einer Rechtsfrage auf Grund der selbständigen und vernünftigen Interpretation der Quellen; vor allem der schiitische Islam betont die Notwendigkeit dieses rechtlichen Instituts; zum Begriff s. J. SCHACHT, *Origins of Muhammadan Jurisprudence*, Oxford 1950, 99f., 116, 127f.; H. LÖSCHNER, 1971, 149–155; J. ELIASH, *The Ithna ashari-Shi'i Juristic Theory of political and Legal Authority*, in: *Studia Islamica* 29 (1969) 17–30; N. KEDDIE, *The Roots of the Ulama's Power in Modern Iran*, in: *Studia Islamica* 29 (1969) 31–57; J.-P. CHARNAY, *Pluralisme normatif et ambiguité dans le Fiqh*, in: *Studia Islamica* 19 (1963) 65–82; die Bedeutung des Idjtihād wird von schiitischen Gelehrten auch in der Gegenwart betont, s. *Deutsch-Iranisches Kolloquium – Religion und Gesellschaft, Wirtschaft und Politik; bilaterale Beziehungen*, Hamburg 28.–30. März 1988. Zusammenfassung von PETER HEINE. Hamburg 1989, 5f.

Stiftungen" (*Auqāf*) übernommen, die auch für anderweitige lebensnotwendige Aufwendungen der Studenten aufkamen.[48]

Die persönlichen und sachlichen Voraussetzungen

Auch schiitischen Beobachtern ist bewußt, daß die persönlichen Voraussetzungen für ein derartig langes und anspruchsvolles Studium eine Vielzahl von besonderen Fähigkeiten und charakterlichen Eigenschaften beinhalten. An erster Stelle wird hier Streben nach Unabhängigkeit (*istiqlāliyya*) genannt. Dies macht sich darin bemerkbar, daß der Student sich frei hält von der Verwicklung in Aktivitäten politischer Strömungen, gleichgültig, was deren Ziele oder Methoden sein mögen. Das bedeute jedoch nicht völlige politische Abstinenz; denn das persönliche Streben nach Unabhängigkeit sei eng verknüpft mit der politischen Unabhängigkeit der islamischen Welt. Die Gelehrten von Nadjaf haben daher für sich stets in Anspruch genommen, für diese Unabhängigkeit mit allen ihnen zur Verfügung stehenden Mitteln zu kämpfen. Auch ihre Feststellung, daß das islamische Recht Grundlage allen gesellschaftlichen Lebens sein müsse und daß eben dieses Recht in vielen staatlichen Bereichen kaum oder gar nicht angewandt werde, ist eine hochpolitische Äußerung, die deutlich macht, daß die „politische Enthaltsamkeit" des Gelehrten allein eine parteipolitische Unabhängigkeit bedeutet.[49] Großen Wert legen die schiitischen Gelehrten auch auf die Unabhängigkeit ihrer pädagogischen Einrichtungen von staatlichem oder politischem Einfluß. Diese Unabhängigkeit kann dadurch gewährleistet werden, daß die Kosten der verschiedenen Schulen und Zirkel durch Spenden der Gläubigen bestritten werden. Sie gelangten aus der gesamten schiitischen Welt, also aus dem Iraq selbst, Libanon, Syrien, aus Iran, Afghanistan, der Golfregion, Indien, Ostafrika nach Nadjaf. Es handelte sich um ganz beträchtliche Summen von mehreren hunderttausend Dinar, die einkamen. König ʿAbdallah von Jordanien soll beklagt haben, daß diese Spendeneinkommen höher seien als die Steueraufkommen mancher Staaten. Als der schiitische iraqische Politiker Ṣāliḥ Djabr[50] versuchte, diese Einnahmen der staatlichen Kontrolle zu unterwerfen, wie das schon mit den sunnitischen „Frommen Stiftungen" im Iraq geschehen war, traf er auf den erbitterten

[48] In diesen Institutionen finden zusätzlich auch Armenspeisungen statt, s. Asafī, 1964, 11f.; Mahbūba, 1934, 87f.

[49] Asafī, 1964, 14f.; diese Ablehnung der Verwicklung in tagespolitische Angelegenheiten einerseits und die Sorge um die grundlegenden gesellschaftlichen und politischen Gegebenheiten der islamischen, vor allem aber der schiitischen Welt andererseits stellt in der Theorie die grundsätzliche politische Haltung der schiitischen Gelehrten dar. Allerdings finden sich schon früh Gelehrte, die in die Tagespolitik eingreifen und sich dazu die notwendigen Machtmittel verschaffen, s. Fragner, 1983, vor allem: 91ff.

[50] Über ihn s. Maḥmūd Shabbīb, *Wathba fī l-ʿIrāq wa-suqūṭ Ṣāliḥ Djabr*, Baghdad 1988.

Widerstand der schiitischen Gelehrten, die die materielle Unabhängigkeit Nadjafs für lebensnotwendig erachteten.[51]

Die Lehrenden wie die Lernenden in Nadjaf empfanden auch Studienverlaufspläne und Prüfungen als Eingriff in ihre wissenschaftliche Unabhängigkeit. Nach ihrer Meinung habe das Studium um des Studiums willen zu geschehen und nicht im Hinblick auf irgendeine Prüfung. Das Lernen und die Vorbereitung auf eine Prüfung führen nach dieser Ansicht nicht zu einem tiefen Eindringen in einen Stoff oder eine wissenschaftliche Thematik. Dem Studierenden in Nadjaf ging und geht es nach seinem Selbstverständnis nicht um einen durch ein Prüfungszeugnis belegten akademischen Abschluß, mit dessen Hilfe er den Zugang zu einem gut bezahlten, sicheren Arbeitsplatz in der staatlichen Bürokratie oder der Wirtschaft erhält, sondern um eine möglichst tiefe Kenntnis geistiger und wissenschaftlicher Zusammenhänge. Einziges Motiv für seine Studien sollte seine religiöse Sendung (*risāla dīniyya*) sein. Diese hat er vom ersten Moment seiner wissenschaftlichen Anstrengungen in der ersten Phase seines Studiums an vor Augen. Das Studium von Fächern wie Korankommentar, islamisches Recht oder Philosophie entziehe sich im übrigen auch jeder Art der Prüfung. Ergebnisse mathematischer oder naturwissenschaftlicher Studien lassen in der Regel keine Zweifel übrig. Diskussionen über ihre Ergebnisse sind weder üblich noch notwendig. Je mehr man sich jedoch vor allem in die Fächer der dritten Studienphase vertiefe, um so größer würden die Zweifel und Diskussionen der Studierenden über die Ergebnisse von Fächern wie Philosophie oder Korankommentar. Zu häufig träfen sie auf die unterschiedlichen Meinungen verschiedener Gelehrter zu einem Thema oder zu einer speziellen Fragestellung. Aber erst durch diese ständige kritische Auseinandersetzung könne der Student, nach al-Asafī, eine wirklich tiefgehende Kenntnis dieser Fächer erhalten. Angesichts der unterschiedlichen und widersprüchlichen Positionen der verschiedenen Gelehrten solle neben der persönlichen Unabhängigkeit geistige Freiheit ein Kennzeichen der Persönlichkeit des Studenten in Nadjaf sein. Wenn er sich mit Fragen des islamischen Rechts befasse, müsse er frei von persönlichen Verpflichtungen und Interessen sein. Diese Freiheit sei die Voraussetzung für seine große Autorität in religiösen und rechtlichen Fragen. Er betrachte die ihm vorgeleg-

[51] Wenn man bedenkt, daß bei Erscheinen des Buches von AL-ASAFĪ ein iraqischer Grundschullehrer ca. 30 Dinar im Monat verdiente, kann man die Spendenfreudigkeit der Schiiten ermessen und die finanzielle Unabhängigkeit der verschiedenen schiitischen Institutionen abschätzen; über Höhe und Art der Zahlungen aus dem Indien des 18./19. Jh.s s. J. COLE, *Roots of North Indian Shi'ism in Iran and Iraq. Religion and State in Awadh*, Berkeley 1988, 195ff.; daß die finanzielle Unabhängigkeit der schiitischen Hochschulen und pädagogischen Institutionen eine der Voraussetzungen für ihre geistige Unabhängigkeit ist, begründen schiitische Beobachter (ASAFĪ, 1964, 17) mit einem Blick auf die bedeutendste wissenschaftliche Institution des sunnitischen Islams, die Azhar-Hochschule in Kairo. Sie sehen hier eine starke Abhängigkeit der Religionsgelehrten von den herrschenden politischen Kräften, die durch die Kontrolle der Finanzmittel der Azhar durch staatliche Stellen herrührt, s. dazu: A. C. ECCEL, *Egypt, Islam and Social Change. Al-Azhar in Conflict and accomodation*, Berlin 1984, 167ff.

ten Probleme des täglichen sozialen, wirtschaftlichen und politischen Lebens im Licht des Korans und des Vorbildes des Propheten und der Imame, sollte jedoch zugleich vertraut sein mit den gesellschaftlichen Strömungen und politischen Entwicklungen, weil deren Konsequenzen in den Ergebnissen seiner Studien berücksichtigt werden müssen. Nur auf diese Weise könnten Elemente der Erneuerung in die islamische Gesetzgebung Eingang finden.[52]

Freiheit der Meinung und der Auslegung von Texten hat, so Asafī weiter, vor allem in der dritten Phase des Studiums zu herrschen. Das wirkte sich auch auf die Form des Unterrichts in den verschiedenen Zirkeln aus. Auch ein Student hatte das Recht, seinen Lehrer im Vortrag zu unterbrechen und dessen Positionen in Frage zu stellen. Der Professor konnte sich auch nicht auf seinen wissenschaftlichen Ruf zurückziehen, wenn er seine Meinung verteidigen wollte. Er hatte die Ansicht des Studenten zu akzeptieren, wenn dieser die besseren Argumente auf seiner Seite hatte. Wenn Diskussionen zwischen Studenten und Professoren oder den Studenten untereinander mit Leidenschaft und Temperamentsausbrüchen geführt wurden und die für den Unterricht vorgesehenen Zeiten und geplanten Abläufe sich nicht aufrechterhalten ließen, mußte dies um der Freiheit der wissenschaftlichen Auseinandersetzung willen in Kauf genommen werden. Nur in einer solchen freiheitlichen Atmosphäre könne ein erfolgreiches Studium absolviert werden.[53]

Die Form des traditionellen Diskurses

Die Art der Unterrichtsveranstaltungen ist gekennzeichnet durch ihre offene Form. In der Regel handelte es sich um Diskussionen, denen ein bestimmter Text zugrunde lag. Wöchentlich wurden zu festgelegten Terminen mehrere Dutzend Seminare (*madjlis*) absolviert. Die Veranstaltungen wurden tagsüber, aber auch abends durchgeführt. Die beliebtesten Veranstaltungstage waren und sind der Donnerstag und der Freitag. Im Fastenmonat Ramadan werden täglich Seminare bis weit nach Mitternacht oder bis zum Morgengrauen gehalten. In den ersten zehn Tagen des Monats Muharram, in denen die Schiiten des Opfertodes ihrer Märtyrer gedenken, finden dagegen keine Unterrichtsveranstaltungen statt. An den Seminaren nehmen Teilnehmer mit unterschiedlichen Kenntnissen teil. Es fanden und finden sich solche mit ausgewiesenen Kenntnissen, aber auch solche, die sich noch am Beginn ihres wissenschaftlichen Weges befinden. Wenn sie zum ständigen Teilnehmerkreis

[52] Asafī, 1964, 24, fordert an dieser Stelle die sunnitischen Gelehrten auf, sich die schiitische Praxis des *Idjtihād* im Rahmen der als echt erkannten Rechtsquellen zum Vorbild zu nehmen. Das Fehlen jeder Art von Prüfungen bestätigt auch Jamali, 1977, 137.

[53] Asafī, 1964, 26; auch der iraqische Politiker Muhammad Fadhil al-Jamali, 1977, 137 betont diese Freiheit: „. . . not even the German Universities which pride themselves on Freiheit (freedom), are comparable to the colleges of Najaf in the freedom and independence enjoyed by students in planning their own programmes of study and in self-management“.

eines Seminars gehören, haben sie an den Versammlungsorten feste Plätze, die sie stets einnehmen. Diese sind abhängig von der wissenschaftlichen Bedeutung und dem Ruf der entsprechenden Persönlichkeiten. Alle akzeptieren die ihnen zugewiesene Rangzuordnung.[54] Die Sitzungen haben etwa folgendes Verlaufsschema: In der Regel stellt einer der Teilnehmer des Seminars eine einleitende These auf, auf die ein anderer Teilnehmer antwortet. Aus Referat und Korreferat entwickelt sich eine Disputation, an der sich auch andere Teilnehmer der Versammlung beteiligen können. In einigen Fällen lösen sich die Seminare, die ja mehrere hundert Teilnehmer zählen können, in einzelne Arbeitsgruppen auf, die ausschließlich einen bestimmten Aspekt des angesprochenen Themenkomplexes behandeln. In dieser Atmosphäre von offener Diskussion, freimütiger Kritik und gegenseitiger Korrektur, bei der auch hin und wieder die Grenzen der Höflichkeit überschritten werden, entwickelt sich nach Ansicht der schiitischen Gelehrten in einem längeren Prozeß die richtige Antwort auf die jeweils gestellte Frage. Gerade die Offenheit und Direktheit der Diskussion bewirkt, daß sich jeder der Teilnehmer seine Äußerungen in ihrer Wirkung genau überlegt, um eine berechtigte Kritik zu vermeiden. Bei besonders kontroversen Themen können einvernehmliche Positionen teilweise erst nach mehreren Sitzungen erreicht werden. Derartige wissenschaftliche Auseinandersetzungen reichen dann auch über den Kreis des jeweiligen Seminars hinaus und werden auch in den Seminaren anderer Professoren besprochen. Häufig werden diese Diskussionen auch in schriftlicher Form in Zeitschriftenartikeln und Büchern weitergeführt und erreichen dadurch eine weitere wissenschaftliche Öffentlichkeit. So gelangt ein bestimmtes Problem auf eine qualitativ immer höhere Diskussionsebene, an der sich die bedeutendsten und einflußreichsten Gelehrten beteiligen. Derartige Auseinandersetzungen können sich über mehrere Jahre erstrecken. Häufig wird in ihnen um neuartige Lösungen von Rechtsproblemen oder um bis dahin ungewöhnliche Anwendungen des *„Idjtihād"* gestritten. Solche wissenschaftlichen Diskussionen zwischen den bedeutenden Vertretern schiitischer Gelehrsamkeit werden als Höhepunkte der Wissenschaftsgeschichte Nadjafs angesehen.[55]

Nicht organisiert, aber doch üblich ist, daß sich einzelne Studenten vor ihren Seminaren über ihre jeweiligen Kenntnisse und Erkenntnisse austauschen, um sie einer ersten Kritik zu unterziehen, ehe dies durch ihre Lehrer geschieht. Auch nach Unterrichtsveranstaltungen besprechen sie miteinander deren Verlauf und repetieren den Stoff. Dieser individuelle wissenschaftliche Austausch findet auch zwischen den Professoren statt, die ihre Themen untereinander abstimmen, aber auch ihre wissenschaftlichen Arbeiten miteinander besprechen.[56]

[54] Asafī, 1964, 27f.; wer diese Rangfolge aufstellt, bleibt in den Quellen offen.
[55] Asafī, 1964, 30, 34; die hier dargestellte Disputationspraxis hat eine lange Tradition auch im sunnitischen Islam, s. dazu J. van Ess, *Disputationspraxis in der islamischen Theologie. Eine vorläufige Skizze*, in: *Revue des études islamique* 44 (1976) 23–60.
[56] Asafī, 1964, 32f.

Ein Ziel der Studien an den verschiedenen Lehrinstituten von Nadjaf, aber auch in allen anderen traditionellen Stätten islamischer Gelehrsamkeit war und ist es, die Studierenden in die Lage zu versetzen, auf die konkreten Fragen von gläubigen Muslimen hinsichtlich ihres religiösen Lebens und Sozialverhaltens Antworten zu geben, Gutachten (*Fatwa*) zu erstatten. Während die zuvor geschilderten Seminare und wissenschaftlichen Diskussionen häufig theoretischer Natur sind, finden jedoch auch Veranstaltungen statt, die man als „praktische Übungen" bezeichnen könnte. Diese Art der Veranstaltungen wurde von dem bedeutenden Rechtsgelehrten Mirzā Muḥammad Ḥusain al-Nā'īnī[57] eingeführt. In einem Seminar, an dem fortgeschrittene Studenten, vor allem aber andere Gelehrte teilnehmen, werden bis heute konkrete Anfragen und Bitten um Rechtsauskunft, die an den als religiöse und juristische Autorität ausgewiesenen Leiter des Seminars gerichtet worden sind, besprochen und diskutiert. Unter Einbeziehung der Ergebnisse dieser Diskussionen faßt dann der Seminarleiter sein Rechtsgutachten ab, für das er jedoch alleine verantwortlich ist.[58] Auf diese Weise werden die Studenten konkret mit den Techniken der Erstattung von Rechtsgutachten vertraut gemacht.

Es liegt auf der Hand, daß die voraufgehende Beschreibung des wissenschaftlichen Betriebes in Nadjaf ein Idealbild zeichnet. Wir wissen auch von Eifersüchteleien, Intrigen und feindseligen Auseinandersetzungen zwischen verschiedenen Gelehrten, die auf persönlichen Antipathien und Schwächen beruhen. Das ändert aber nichts an der Tatsache, daß schiitische Gelehrte sich nach ihrem eigenen Selbstverständnis in dem geschilderten positiven permanenten wissenschaftlichen Diskurs befinden. So ist ihr bemerkenswertes Selbstvertrauen und ihre Selbstsicherheit zu erklären. Hinzu kommt der bei ihnen häufig anzutreffende Optimismus, daß sich bei der Ansammlung von soviel Wissen und Sachverstand, wie er in Nadjaf festzustellen ist, im Endeffekt immer die richtige Antwort auf alle Fragen durchsetzen wird.

SUMMARY

The ways of traditional shi'ite learning in the shrine-city of Nadjaf in Iraq can be divided into three stages. There was a propaedeutic part, where the young students received basic training i. a. in literature, logic, and grammar. During the second phase they studied the principles of islamic law and philosophy. The method of studying during this period was marked by memorizing authoritative texts and interpretation of them by more or less famous teachers. Only during the final part of his studies a student had the chance to develop his own critical ways of thinking in taking part in discussions with his fellow students and in seminaries held by the most important shi'ite teachers of Nadjaf.

[57] Über AL-NĀ'ĪNĪ s. A. HAIRI, *Shi'ism and Constitutionalism Iran. A Study in the Role Played by the Persian Residents of Iraq in Iranian Politics*, Leiden 1977, 109–234.

[58] ASAFĪ, 1964, 35.

There were no examinations at all during the whole curriculum of studying; so it could take up to 25 years until a student had reached the capacity of independent legal reasoning (idjtihād). The different institutions of learning at Nadjaf were independent of any government-institution to control the topics or the methods of their teaching. By the way of pious endownments (waqf, pl. quaāf) and money sent to them from all parts of the shi'ite world, they were able to look after the living of all who took part in teaching and learning. The concentration on religious and philosophical subjects during their studies proved to have negative results for the students, if they wished to participate in the political game of the country. So, perhaps, we find here one of the reasons for the small influence the shi'ite community has played in the political development of Iraq, although they are a majority.

TRINITÄT IN DER ISLAMISCH-CHRISTLICHEN KONTROVERSE NACH ABŪ RĀ'IṬA

von Harald Suermann

Abū Rā'iṭa behandelt in seinem ersten Brief die Trinitätslehre in Auseinandersetzung mit dem Islam. Um die Bedeutung dieser Abhandlung in der Geschichte der islamisch-christlichen Kontroverse herauszustellen, soll zunächst die Vorgeschichte dargestellt werden.

Das Thema Trinität in den vorangegangenen islamisch-christlichen Auseinandersetzungen

Im Dialog zwischen dem jakobitischen Patriarchen Johannes I. und Sa'īd ibn 'Amir wird im Zusammenhang mit der Frage nach der Gottheit Christi auch das Problem der Trinität gestreift. Der Emir bittet darum, die Richtigkeit des christologischen und trinitarischen Bekenntnisses mit vernünftigen Argumenten und Zitaten aus dem Pentateuch zu beweisen. Im weiteren werden jedoch nur Schriftzitate angeführt.[1]

Im fünften Teil der Kontroverse zwischen einem Sarazenen und einem Christen, die dem Johannes von Damaskus zugeschrieben wird, und im „Liber de haeresibus" (Kapitel 100) des Johannes von Damaskus, wird auf das Problem der Attribute Gottes eingegangen. Johannes stellt zur Erklärung der Trinität die Frage, ob Geist und Wort Gottes geschaffen oder ungeschaffen sind. Sollte der Muslim antworten „ungeschaffen", so kann darauf verwiesen werden, daß Christus, der im Koran Wort und Geist Gottes genannt wird, ungeschaffen und somit Gott sei. Sollte der Muslim mit „geschaffen" antworten, so muß gefragt werden, ob Gott einmal ohne Geist und Vernunft gewesen sei. Abū Rā'iṭa verwendet später die gleiche Argumentation, allerdings viel ausführlicher. Johannes gebraucht hier nicht die aristotelische Philosophie, obwohl sie ihm bekannt ist. Der Begriff Attribut taucht nicht auf.

Ein Papyrus aus der Mitte des 8. Jh.s argumentiert mit Zitaten aus dem Koran und dem Alten Testament.[2] Ein weiterer Papyrus aus dem Anfang des 9. Jh.s zitiert in dieser Frage nur das Alte Testament.[3]

[1] F. NAU, *Un colloque du Patriarche Jean avec l'émir des Agaréens et fait divers des années 712 à 716,* in: *Journal Asiatique* (1915) 225–279, hier 248–264; H. SUERMANN, *Orientalische Christen und der Islam. Christliche Texte aus der Zeit von 632–750,* in: *ZMR* 67 (1983) 120–136, hier 122–128; H. LAMMENS, *A propos d'une colloque entre le patriarche Jean Ier et 'Amir ibn al-'Āṣi,* in: *Journal Asiatique* (1919) 97–110.

[2] G. GRAF, *Veröffentlichungen aus den badischen Papyrus-Sammlungen,* Heidelberg, Heft 5 (1934), 1–24.

[3] Ebd., 24–31.

Ein anonymer Traktat Fī taṯlīṯ Allāh al-wāhid stützt seine Lehre auf Zitate aus der Schrift, auf freie Zitate aus dem Koran und auf natürliche Analogien.[4]

In der Kontroverse des Patriarchen Timotheos I. mit dem Kalifen al-Mahdī benutzt der Patriarch Analogien, um die Trinität zu erklären: die der Sonne, ihrer Strahlen und ihrer Wärme sowie die des Apfels, seines Geruches und seines Geschmacks. Die bekannte Frage, ob Geist und Wort geschaffen oder ungeschaffen seien, und ob Gott einmal ohne Geist und Wort gewesen sei, taucht auch in dieser Kontroverse auf. Vater, Sohn und Geist werden als drei Personen und eine Substanz dargestellt, die über die notwendigen Partikularitäten verfügt. Timotheos fügt hinzu: ein einziger Gott mit drei essentiellen und geoffenbarten Attributen.[5]

In dieser Kontroverse wird auf die Attributenlehre hingewiesen, ohne sie weiter zu entfalten. Bei Johannes von Damaskus kommt sie gar nicht vor. In den weiteren Kontroversen aus der Zeit von Abū Rā'iṭa werden für die Erklärung der Trinität Bibel- und Koranzitate angeführt oder man greift auf Analogien zurück.

Ein Zeitgenosse von Abū Rā'iṭa, der Melkit Theodor Abū Qurra, benutzt in seinen theologischen Werken das philosophische Werkzeug. In einer Mimar über die Existenz Gottes und den Beweis der Trinität[6] erklärt Abū Qurra den Sohn Gottes an dem bekannten Beispiel des Wissens: Gott muß sich kennen und zwar notwendigerweise durch seine eigene Essenz. Dies führt zu einer Dualität. Diese Dualität zeigt, daß die Sohnschaft und Vaterschaft Gottes nicht irrational ist. Der Geist wird in diesem Zusammenhang nicht behandelt. Die Einheit Gottes wird durch die Analogie des Menschen, der Sprache und Geist hat, erhellt. In einem anderen Opus über die rationalen Mittel, Gott zu kennen, findet man eine Abhandlung über die göttlichen Attribute. Darin wird als selbstverständlich vorausgesetzt, daß Gott durch Attribute beschrieben wird, und daß es deshalb eine bestimmte Analogie zwischen Gott und der Welt gibt. Abū Qurra gebraucht zwar philosophische Argumente in seiner Auseinandersetzung mit den Muslimen, aber er baut seine Abhandlung nicht so streng auf philosophische Argumentation auf wie Abū Rā'iṭa In verschiede-

[4] M. D. Gibson, *Studia Sinaïtica* 7 (London 1899), 74–107. 2–36.

[5] A. Mingana, *Timothy's Apology for Christianity,* Woodbrooke Studies II, Cambridge 1928, 1–162; A. van Roey, *Une apologie syriaque attribuée à Elie de Nisibe,* in: *Le Muséon* 59 (1946) 381–397; R. Caspar, *Les versions arabes du dialogue entre le Catholicos Timothée I et le Calife al-Mahdī (IIe/VIIIe siècle) „Mohammed a suivi la voie des prophètes",* in: *Islamochristiana* 3 (1977) 107–175, hier: 129–131.156–158; H. Putman, *L'Église et l'Islam sous Timothée I (780–823).* Étude sur l'Église nestorienne au temps des premiers 'Abbāsides avec nouvelle édition et traduction du dialogue entre Timothée et al-Mahdī (Recherches, Nouvelle Série B. Orient Chrétien III) Beyrouth 1975, 211–276.

[6] Die Opera sind von C. Bacha, *Mimars de Théodore Abuqurra, êvéque de Harran,* Beirut 1904 und von G. Graf, *Die arabischen Schriften des Theodor Abū Qurra,* Paderborn 1910 herausgegeben worden. Außerdem finden sich die griechischen Texte in der *Patriologia Graeca* 94 und 97.

nen Opera fordert der Muslim den Christen auf, sich bei dem Gespräch auf rationale Argumente zu stützen.

Abū Rā'iṭa benutzt zur Darlegung der christlichen Trinitätslehre eine Philosophie, die auf der des Aristoteles aufbaut.[7] Er ist der erste bekannte christliche Theologe, der eine Philosophie zur Grundlage seines Gesprächs mit den Muslimen macht, und zudem in einer im Vergleich zu früher unerwarteten Ausführlichkeit. Sein Zeitgenosse Abū Qurra verleiht der Philosophie bei weitem nicht den gleichen Platz in seinen Auseinandersetzungen mit den Muslimen.

Vernunft als gemeinsame Basis

Wenn Abū Rā'iṭa als erster Christ in der Auseinandersetzung mit den Muslimen ausführlich die aristotelische Philosophie gebraucht, so ist dies kein Zufall. Ein Christ konnte sich anfänglich noch auf Schriftzitate berufen, da diese noch eine gewisse Autorität bei den Muslimen hatten. In der Kontroverse mit dem Patriarchen Johannes I. bittet Sa'īd ibn 'Amir um Beweise aus der Schrift. Mit der fortschreitenden „Erkenntnis", daß diese Schriften „verfälscht" waren, mußte auch das Schriftargument an Bedeutung verlieren.[8] Die Schriften wurden gegenseitig nicht mehr anerkannt, und eine Berufung auf die eigene Schrift als Grundlage der eigenen Glaubensüberzeugung wurde somit unmöglich. Als gemeinsame Argumentationsbasis blieb so nur die Vernunft. Hier ist der Sitz im Leben der Analogien, die im Gespräch mit den Muslimen verwendet werden. Diese Analogien haben allerdings keinen beweisenden Charakter, sondern können höchstens die Glaubensüberzeugung dem Muslim verständlich und einsichtig machen. Erst als die Muslime die griechischen Schriften der Philosophie und vor allem Aristoteles allgemein annahmen, konnte man sich auf sie berufen und sie als Grundlage für einen „Vernunftbeweis" verwenden. So schreibt Abū Rā'iṭa: „Kein Verständiger unter euch möchte etwas davon Abweichendes annehmen. Wir unterhalten uns ja nur mit intelligenten und einsichtsvollen Leuten von euch, die ein gediegenes Wissen haben und in den Kern der Dinge eindringen, nicht mit solchen Christen, die, wenn ihnen eine wegen (ihrer) Subtilität schwierige Frage vorgelegt wird, einer Erwiderung darauf nicht fähig sind und keine (andere) Antwort haben als ‚Gott sei Lob, jawohl Gott sei Lob, bis diese Welt verbrennt und solange die andere andauert', sondern mit solchen, welche einer derartigen Antwort unfähig sind."[9] Die Annahme der griechischen Philosophie durch die Muslime setzt allerdings die Bekanntheit derselben voraus, was durch die

[7] S. u.

[8] Vgl. J.-M. Gaudel / R. Caspar, *Textes de la tradition musulmane concernant le taḥrif (falsification) des Ecritures,* in: *Islamo-Christiana* (1982), 61–104.

[9] Die Schriften des Jacobiten Ḥabīb ibn Ḫidma Abū Rā'iṭa übersetzt von Georg Graf = CSCO 131, Scrip. Arab. 15, Louvain 1951, 6; Die Schriften des Jacobiten Ḥabīb ibn Ḫidma Abū Rā'iṭa hg. von Georg Graf = CSCO 130, Script. Arab 14, Louvain 1951, 5.

Übersetzung der Schriften ins Arabische auch ermöglicht wurde. Sie zeigt sich unter anderem in dem Einfluß dieser Philosophie auf die eigene Theologie.

Die Vermittlung der griechischen Philosophie durch die christlichen Araber

Im folgenden soll kurz der Weg der Vermittlung der griechischen Philosophie an die Muslime gezeigt werden, um die Bedeutung der Schrift des Abū Rā'iṭa in der Geschichte der islamo-christlichen Kontroverse zu zeigen. Für die ausführliche Darstellung dieses Weges kann hier nur auf die vielen Monographien verwiesen werden.

Das Verhältnis der orientalischen Christen zur griechischen Literatur und Philosophie war nicht immer gleich. Anfangs wurde sie abgelehnt, und die syrische Theologie war noch wesentlich semitisch. Diese Haltung änderte sich im Laufe des 5. und 6. Jh.s, und seit dem 7. Jh. findet die griechische Philosophie einen bedeutenden Platz in der syrischen Theologie. Die Aufnahme der griechischen Philosophie in die syrische Theologie vollzog sich in der Zeit, in der die Auseinandersetzungen um die christologischen Dogmen zwischen den Chalkedonensern und den Monophysiten stattfand. Zunächst wurden theologische Werke übersetzt, später aber auch die philosophischen, vor allem die des Aristoteles. Hinzu kamen die Erklärungen dieser Werke. Die Übersetzungen und Erklärungen dienten der theologischen Reflexion und Auseinandersetzung. Mit dem Zweck war natürlich auch eine Auswahl und bestimmte Interpretation der Werke bevorzugt. Die Übersetzungsarbeit und die Aufarbeitung der griechischen Philosophie fand in Klöstern statt, nicht in allen, denn es gab Klöster, die diese Arbeit für das Mönchsleben als unwürdig ansahen.

Als die Muslime den syrischen Raum eroberten, wurden sie mit der griechischen Kultur konfrontiert, die bei den verschiedenen Kirchen in unterschiedlichem Ausmaß gepflegt wurde. Die neuen Herrscher standen der griechischen Kultur nicht feindselig gegenüber; sie waren sogar auf ihre Errungenschaften angewiesen, um das neue Reich zu verwalten. In dieser Begegnung haben die Araber auch die griechische Philosophie und andere auf den Erkenntnissen der Griechen aufbauende Wissenschaften kennengelernt. Dieses Kennenlernen führte dazu, daß die Araber sich diese Wissenschaften aneigneten. Auf dem Höhepunkt dieses Aneignungsprozesses gaben die Kalifen enorme Summen an Geld für das Sammeln von griechischen Handschriften und deren Übersetzung aus. Für diese Übersetzungen, wie auch für das Auffinden von Handschriften, waren die Araber auf die Christen und Juden angewiesen, die des Griechischen und des Arabischen mächtig waren, denn kein Muslim konnte ausreichend Griechisch.

Die griechische Philosophie fand dann auch Eingang in die muslimische Theologie, vor allem in der Zeit der Abbasiden.[10] Dieser Einfluß besteht nicht

[10] Vgl. z. B. Louis Gardet, *Philosophie et Religion en Islam avant l'an 330 de l'hegire,* in: *C. Cahen* et contributeurs, *L'Élaboration de l'Islam, Colloque de Strasbourg 12–13–14 juin 1959*

in einer einfachen Übernahme, sondern die Philosophie hat in im Einzelnen oft sehr schwer feststellbarer Weise in die Entwicklung der muslimischen Theologie Eingang gefunden. Hier interessiert vor allem die Theologie der Muʿtazila, und zwar der Traktat Tawḥīd, der Traktat über Gott und seine Attribute. Die in diesem Zusammenhang wichtigsten Attribute sind: Gott ist einer, sehend, hörend, er besteht nicht aus Teilen, man kann ihn nicht auf eine Art beschreiben, die die Kreaturen als Kreaturen befriedigen, nichts, was die Einbildungskraft sich vorstellen kann, ist ihm ähnlich. Er ist ein Seiender, aber nicht wie die anderen Seienden. Nur er ist ewig und nichts außerhalb von ihm ist ewig. Der Glaube, daß Gott allein ewig ist, war in der Muʿtazila allgemein verbreitet. Die Muʿtaziliten verwarfen die Idee, daß die ewigen Attribute hinzugefügt sind, Gott ist ihrer Lehre nach wissend, lebend und mächtig kraft seiner Essenz.[11] Auch die spekulativen Theologen, die Mutakallim, die Gott als ein personales Sein verstanden, negierten jede Relation und Analogie zwischen den Attributen Gottes und denen der Kreaturen.[12]

Von besonderem Interesse ist hier Abū Yaʿqūb al-Kindī. Er lebte zur Blütezeit der Muʿtazila und wird als einer der großen mutakallim und faylasūf angesehen. In seiner Apologie zitiert er stellenweise wörtlich aus dem ersten Brief des Abū Rā'iṭa.[13]

Innerhalb der Geschichte der muslimischen Theologie ist der Einfluß der griechischen Theologie schon vor Abū Rā'iṭa feststellbar. Die Übersetzungstätigkeit der Christen und Juden und die Konvertiten zum Islam haben einen Beitrag zur Entwicklung der muslimischen Theologie geleistet, der auch in der Kontroverse zwischen Christen und Muslimen Früchte trug. Die Auseinandersetzung des Abū Rā'iṭa mit den Muslimen über die Trinität ist die älteste überlieferte Kontroverse, die sich diese Entwicklung zunutze macht.

Abū Rā'iṭa

Über Ḥabib ibn Ḫidma, genannt Abū Rā'iṭa at-Takrītī, ist nicht viel bekannt. Er war jakobitischer Bischof von Takrīt. Zu der Zusammenkunft von dem melkitischen Bischof Theodor Abū Qurra von Ḥarran mit dem Armenierfürsten Ašot Msaker sandte Abū Rā'iṭa einen Brief. Diese hat zwischen 813 und 817 stattgefunden, im Anschluß an die Propagandareisen für das chalkedonensische Bekenntnis des Abū Qurra. Abū Rā'iṭa nahm 827/828 in Reš ʿAinā an einer Synode teil. Mehr ist über seine Person nicht bekannt.

Die Schriften Abū Rā'iṭas sind polemischer und apologetischer Art. Neben der Auseinandersetzung mit seinen melkitischen und nestorianischen Zeitgenossen hat Abū Rā'iṭa in seinen Schriften auch gegenüber den Muslimen

(Bibliothèque du Centre d'Études supérieures spécialisés, Travaux du Centre d'Études supérieures spécialisé d'Histoire des Religions de Strasbourg) Paris 1961, 39–60.

11 Vgl. F. M. Pareja, *Islamologie,* Beyrouth 1963, 703f.

12 Pareja, *Islamologie,* 704.

13 Abū Rā'iṭa, 32–36.

Stellung bezogen. Dabei steht die Verteidigung der christlichen Trinitätslehre im Vordergrund. Der Ausgangspunkt hierfür ist die Lehre von der Einheit Gottes. Zunächst stellt Abū Rā'iṭa Gemeinsamkeiten zwischen Muslimen und Christen in der Gotteslehre heraus.

Die gemeinsame Gotteslehre von Christen und Muslimen gemäß der Meinung der Muslime in der Darstellung des Abū Rā'iṭa

Gott ist einer, immer seiend, lebend, wissend, sehend, hörend, ohne Genossen in seiner Wesenheit und Herrschaft, erster, letzter, Schöpfer des Sichtbaren und Unsichtbaren, bedürfnislos, vollkommen, unbestimmbar, erhaben über Unvollkommenheit und Schwäche, ohne Teilung und Trennung, herrschend, mächtig, tuend, was er will, unsichtbar, nicht fühlbar, unbegreiflich, unbegrenzt, allumfassend im Wissen.[14]

Die obigen Attribute Gottes sind auch in der muslimischen Theologie bekannt. Sie werden in verschiedene Kategorien aufgeteilt. Es ist jedoch hier nicht der Ort, die islamische Lehre von den Attributen Gottes darzustellen. Der folgende Teil befaßt sich mit der Einheit Gottes.

Die Trinitätslehre als zentraler Streitpunkt zwischen Muslimen und Christen

Nach Abū Rā'iṭa ist bereits die Auffassung von der Einzigkeit Gottes nicht die gleiche. Er richtet an die Muslime die Frage, auf wievielfache Weise denn der Eine als einer bestimmt wird, ob der Gattung, der Art oder der Zahl nach.[15] Die begriffliche Dreiteilung des Einfachen geschieht im Anschluß an die aristotelische Topik.[16]

[14] Abū Rā'iṭa 3f.; 3.

[15] Abū Rā'iṭa 5; 5.

[16] Aristoteles, *Topik* VII,1 : „Da ferner das Wort identisch mehr als eine Bedeutung hat, muß man sehen, ob etwas noch nach einer anderen Weise identisch ist. Das der Art oder der Gattung nach Identische muß nicht oder kann nicht der Zahl nach identisch sein. Wir untersuchen aber eben, ob etwas in diesem Sinne identisch ist oder nicht." (*Topik,* VII,1/152a); vgl. T. J. De Boer, *Kindi wider die Trinität,* in: *Orientalische Studien,* Theodor Nöldeke zum 70. Geburtstag gewidmet. Gießen 1906, I, 279–281; A. Périer, *Petits traités apologétiques de Yahyā ben ʿAdi,* Paris 1920, 124–127; Khalil Samir, *Le traité de l'Unité de Yaḥyā ibn ʿAdi (893–974).* Etude et Edition critique = Patrimoine Arabe Chrétien 2, Jounieh, Rom 1980, 203; Aristoteles spricht hier von Identität, nicht von Einheit, siehe jedoch: „Es ist also klar, daß die Identität eine Art Einheit des Seins ist – entweder von mehreren Dingen oder von einem, wenn man es als mehrere ansieht, wie etwa, wenn man erklärt, etwas sei mit sich selbst dasselbe. Dann sieht man es wie zwei Dinge an" (*Metaphysik* V,9 [1018a]).

Die muslimische Einheit Gottes

Angenommen: Gott ist einer der Gattung nach, umfaßt also mehrere, verschiedene Arten. Dies folgt aus dem aristotelischen Begriff der Gattung.[17] Diese Aussage ist unannehmbar.[18]

Gott ist einer der Zahl nach, dann wird der Satz aufgehoben, daß es ihm nichts Gleiches gibt. Denn, so begründet Abū Rā'iṭa, jeder Mensch sagt von sich, daß er einer ist, ohne zu behaupten, daß er der einzige sei. Eine solche Definition unterscheidet nicht Gott von den Geschöpfen insgesamt. Außerdem wird von ihm eine Teilung und eine Herabsetzung behauptet. Denn das numerisch Eine, Ausgesonderte ist ein Teil der Zahl und das Vollkommene der Zahl ist das, was alle Arten der Zahl umfaßt. Dies ist ein Widerspruch zu der Vollkommenheit und Ungeteiltheit Gottes.[19]

Gott ist einer der Art nach, dann kommt es zum Widerspruch mit der Einzigartigkeit Gottes, denn die Art besteht aus mehreren Wesen und nicht aus einem allein, auch wenn sie in der Substanz eine ist.[20] „Der eine der Art nach" ist gemäß der Lehre der Philosophen ein Name, der eine Mehrheit umfaßt.[21]

Abū Rā'iṭa stellt den Muslimen die Frage, ob sie Aussagen „einer in der Art" von der „einer in der Zahl" unterscheiden. Er wirft den Muslimen vor, dies nicht zu tun, sondern „einer in der Art" als „einer in der Zahl" zu verstehen. Wenn sie doch beide Aussagen unterscheiden, dann wirft Abū Rā'iṭa den Muslimen einen Widerspruch vor, denn „einer in der Art" ist ein Name, der eine Mehrheit von Zahlen umfaßt, während „einer in der Zahl" nur sich selbst umfaßt.[22]

Die christliche Einheit Gottes

Gott ist einer, der in der Substanz ein einziger, vollkommener ist, der Zahl nach aber drei, d.h. drei Personen.[23] Diese Prädikation ist nach beiden Beziehungen vollkommen: Gott ist einer in der Substanz, wegen seiner Erhabenheit über die gesamte Schöpfung. Ihm ist nichts ähnlich, er ist einfach, immateriell, geistig, unkörperlich. Er umschließt alle Arten der Zahl in der der drei Personen, nämlich die Sammelzahl und die Einzelzahl.[24] Welche Aussage

[17] Vgl. z. B. *Metaphysik* V,6 (1016a).

[18] Abū Rā'iṭa 7; 6.

[19] Ebd.

[20] Ebd.

[21] Ebd.; vgl. Aristoteles, *Metaphysik* V,6 (1016b).

[22] Abū Rā'iṭa 7f.; 6f.; *Metaphysik* V,6 (1016b); V,15 (1021a); X,1 (1052b).

[23] Abū Rā'iṭa 8; 7.

[24] Vgl. Nonnus, der „gleiche Zahlen" und „ungleiche Zahlen" unterscheidet; drei als Summe aus der ungleichen Zahl eins und der gleichen Zahl zwei ist die vollkommene Zahl die übrigen Zahlen haben mehrere Zusammensetzungen; vgl. A. Van Roey, *Nonnus de Nisibe. Traité apologétique,* Louvain 1948, 41.

man auch immer treffen mag, nie wird man der tatsächlichen Vollkommenheit Gottes gerecht.[25]

Abū Rā'iṭa führt hier einen neuen Begriff in die Diskussion ein: „einer in der Substanz". Aus dem Zusammenhang geht hervor, daß „einer in der Substanz" hier anstelle von „einer in der Art" gebraucht wird. „Einer in der Substanz" bzw. „einer in der Art" hebt Gott von allen Kreaturen ab: er ist unkörperlich, immateriell, geistig, einfach.

Die christliche Lehre von den Attributen Gottes

Abū Rā'iṭa hat das Attribut Gottes „einer" im Vergleich der muslimischen und christlichen Lehre betrachtet, und er glaubt dabei, die Muslime einer logischen Unredlichkeit überführt zu haben, während die christliche Vorstellung von der „Dreieinigkeit" den Regeln der Vernunft besser entspricht. Nun kommt er zu den weiteren Attributen Gottes, die nach muslimischer Auffassung sowohl von den Christen wie auch von den Muslimen anerkannt werden.

Abū Rā'iṭa untersucht im einzelnen die Attribute, die die Muslime Gott zuschreiben. Hierzu trifft er zunächst die Unterscheidung von absoluten Namen und relativen Namen.[26] Absolute Begriffe sind für ihn Begriffe, die nicht in Beziehung zu anderen Begriffen stehen. Relative sind solche, die zu anderen in Beziehung stehen, wie z. B. Wissende und Wissen.[27] Des weiteren fragt er, ob diese Attribute zum Wesen Gottes in seiner Ewigkeit gehören, oder ob er sie später erworben hat, wenn z. B. Schöpfung ihm zugesprochen wird, nachdem er die Welt erschaffen hat.[28]

Er fragt die Muslime, ob die Attribute „lebend", „wissend", „weise" Attribute sind, die im Hinblick auf Gott nur abgeleitet sind, d. h. daß er einmal ohne sie gewesen ist. Dies muß natürlich verneint werden.[29] Falls die Muslime allerdings die substantiellen Attribute den erworbenen gleichstellen, so wären auch diese nicht ewig Gott adhärend, es sei denn, die Schöpfung wäre ewig. Diese Annahme einer ewigen Schöpfung aufgrund der ewigen Macht Gottes würde auch zu einer ewigen Auferstehung führen.[30]

Wenn nun von den Muslimen diese Unterscheidung akzeptiert wird, erhebt sich die Frage, ob die relativen, Gott zugeschriebenen Attribute „lebendig", „wissend" und „weise" ewig sind oder nicht. Da vorausgesetzt wird, daß Gott ewig lebend und wissend ist, so ist auch das Leben und das Wissen, auf die sich die Attribute beziehen, ewig. In der Bestimmung des Verhältnisses von Leben und Wissen zu Gott kann in der Argumentation mit den Muslimen, wegen des Verbotes der Beigesellung, ausgeschlossen werden, daß diese

[25] Abū Rā'iṭa 8; 7.
[26] Abū Rā'iṭa 9; 7f.
[27] Vgl. *Metaphysik* V,15 (1020b–1021b); *Topik* VI,8 (146a–147a).
[28] Abū Rā'iṭa 9; 8; vgl. Aristoteles, *Topik* V,1 (129a).
[29] Abū Rā'iṭa 10; 8.
[30] Abū Rā'iṭa 10f; 9.

beiden sich zu Gott verhalten wie etwas anderes, d. h. daß Leben und Wissen nicht etwas seien können, was unabhängig und selbständig existiert hat und so Gott seit Ewigkeit beigesellt werden muß, sondern sie müssen als etwas von ihm bestimmt werden. Das letztere Verhältnis muß hier wieder genauer bestimmt werden: entweder sie sind ein Akt, der von ihm in der Zeit bewirkt wird, oder sie sind von seiner Substanz. Die erstere Möglichkeit wurde aber schon ausgeschlossen. Als etwas von seiner Substanz müssen sie aber als Vollkommenes von Vollkommenem angesehen werden, denn als Teil würden sie die Einheit Gottes aufheben.[31]

Abū Rā'iṭa bietet nun drei Alternativen für die genauere Bestimmung des Verhältnisses von Leben und Wissen zu Gott:

a) sie sind getrennt und geschieden ohne Vereinigung,
b) sie sind vereinigt und gebunden ohne Trennung,
c) sie sind verbunden und zugleich getrennt.

Die erste Alternative hätte zur Folge, daß Gott als begrenzt aufgefaßt wird, weil Getrenntes nur außerhalb der Substanz existieren kann, und der Begriff „außerhalb" eine Begrenzung impliziert. Die zweite Alternative hätte zur Folge, daß Gottes Einheit verlorenginge, da es eine Prädikation von Teilen und Stücken ist. Da die ersten beiden Alternativen, nur getrennt oder nur verbunden, der vorhergehenden Argumentation widersprechen, muß zwangsläufig die dritte Alternative, verbunden und getrennt zugleich, die richtige sein.[32]

Die Gleichzeitigkeit von Getrenntsein und Verbundensein bestimmt Abū Rā'iṭa genauer, um den Einwand der Muslime, dies sei ein Widerspruch in sich, entgegenzutreten. Die Attribute Leben und Wissen sind nicht getrennt und verbunden in gleicher Hinsicht. Verbundenheit wird nur im Wesen prädiziert, Getrenntheit in den Hypostasen, das sind die Personen.[33]

Abū Rā'iṭa begegnet nun dem muslimischen Vorwurf, daß derjenige, dessen Wesen etwas anderes ist als die Personen, ungleichförmig und deshalb unbestimmbar ist. Hierzu benutzt er einen Vergleich zur Veranschaulichung: Die Lichter dreier Lampen in einem Haus sind eins und drei. Sie sind drei, weil jedes von ihnen in sich selbst konsistent ist, auch wenn zwischen den einzelnen Lichtern räumlich nichts Trennendes ist; sie sind eins, weil sie im Leuchten einheitlich wirken.[34] Damit aus dem Vergleich nicht die falschen Schlüsse gezogen werden können, weist Ab Ra'iṭa auf den Grundsatz der Analogie hin, nämlich daß es im Vergleich immer nur eine Ähnlichkeit nach einer Beziehung gibt und die Unähnlichkeit überwiegt.[35] Es folgt ein weiterer Vergleich, um die Relation zwischen Substanz und Leben und Wissen genauer darzustellen: Wie Eva und Abel, die von Adam stammen, Vollkommene von einem Vollkommenen sind, beide in Beziehung zu Adam in einer wesentlichen

[31] Abū Rā'iṭa 11; 10.
[32] Abū Rā'iṭa 11f; 10f.
[33] Abū Rā'iṭa 13; 11.
[34] Abū Rā'iṭa 14; 12; vgl. Ps.-Dionysios Areopagita, *De divinis nominibus* II,3 MPG 3,641B; G. Graf, *Die arabischen Schriften des Theodor Abū Qurra,* Paderborn 1910, 147f.
[35] Abū Rā'iṭa 14f; 12.

Relation stehen und in ihrer Menschheit eins, dagegen drei in den Personen sind, so verhält es sich auch mit Substanz, Leben und Wissen.[36]

Nachdem Abū Rā'iṭa betont hat, daß das Wesen der Gottheit die drei Personen ist und die drei Personen der Gottheit ein Wesen sind, stellt er die Verschiedenheit des Wesens gegenüber der einzelnen Person durch den Vergleich mit dem Verhältnis zwischen einem Gesamtding und seiner Proprietäten dar: das Gesamtding ist verschieden durch die Vielheit in seiner Zusammensetzung, nicht durch das Wesen, wie der Gesamtmensch, d. h. die Menschheit, sich von Moses und Aaron nicht im Wesen, sondern nur in der Zusammensetzung aus vielen unterscheidet.

Auf den Einwand, daß von jeder Person die Proprietäten der anderen prädiziert werden müssen, weil sie im selben Wesen inbegriffen sind, entgegnet Abū Rā'iṭa, daß jede Person vollkommen sei und sich so von der anderen durch die ihr zukommende Proprietät unterscheide. Wieder wird ein Vergleich, das Verhältnis zwischen Adam, Eva und Abel, zur Erläuterung der Aussage angeführt: Adam ist Erzeuger und nicht erzeugt, Eva ist hervorgehend und weder Erzeugerin noch erzeugt, Abel ist erzeugt und nicht Erzeuger. Jede Person hat ihre Besonderheit, ohne die das Wesen etwas Verschiedenartiges ist. Dieser Vergleich ist als Erklärung für das Mysterium der Trinität, wie jeder Vergleich,[37] unzureichend.

Auf die muslimische Frage, warum die drei göttlichen Personen, falls der obige Vergleich zuträfe, nicht als drei Götter verstanden werden, antwortet Abū Rā'iṭa durch einen Verweis auf die Verschiedenartigkeit der göttlichen und menschlichen Personen. Adam, Eva und Abel unterscheiden sich räumlich und zeitlich voneinander. Sie sind zu verschiedenen Zeiten existent geworden und bedürfen verschiedener Örtlichkeiten für die Materie ihrer Leiber. Hinzu kommt die Verschiedenheit ihrer Kraft und ihre innere Zerrissenheit. Gott hingegen ist in allen seinen Dingen einheitlich und in allen seinen Zuständen vollkommen. Er ist aufgrund seiner Geistigkeit und Immaterialität erhaben über das Bedürfnis eines Ortes, und er ist ohne Zwiespalt in seinem Willen und in seinen Tätigkeiten.[38]

Gegen die Annahme, daß einer Trennung notwendigerweise eine Verbindung vorausgehen müsse oder umgekehrt, verweist Abū Rā'iṭa auf Beispiele aus der Natur: auf das Verhältnis von Seele, Intellekt und Wort, das Verhältnis Seele, Leib und Sinne und auf das Verhältnis von Sonne, Licht und Wärme.[39] Er verweist wieder auf die Unzulänglichkeit der Analogie und daß man nicht

[36] Abū Rā'iṭa 15; 13.

[37] Abū Rā'iṭa 16; 14.

[38] Ebd.

[39] Abū Rā'iṭa 18f; 16; G. Graf (Abu Ra'itha, Übers.) 19: Sonne, Strahlen und Wärme ist die häufigst gebrauchte Analogie in der volkstümlichen Kontroverse mit dem Islam; vgl. Margaret Dunlop Gibson, in: *Studia Sinaitica* No 3, London 1899, 4f; *Disputation des Mönches Abraham von Tiberias,* übersetzt von K. Vollers, *Das Religionsgespräch von Jerusalem,* in: *Zeitschrift für Kirchengeschichte* 29 (1908) 205.213; *Disputation des Katholikos Timotheus* I, hg. von L. Cheikho, in: *trois traités* 2. 6.

den Schluß daraus ziehen darf, daß Gott aus Stücken und Teilen zusammengesetzt ist.[40]

Bei der Frage, warum die Christen drei Personen Gottes annehmen und nicht mehr und nicht weniger, verweist Abū Rā'iṭa zunächst auf die Tatsächlichkeit des Geheimnisses und darauf, daß Gott immer schon Wissen und Geist zugekommen sei.[41] Dieser Erwiderung - die Abū Rā'iṭa wohl etwas mager erscheint - stellt er folgende Frage an die Seite: was würden die Muslime den Polytheisten antworten, wenn sie gefragt würden, warum Gott einer ist und nicht zwei, drei oder viele? Das Argument, das die Muslime für die Einzigkeit Gottes anführen, will Abū Rā'iṭa für die Dreiheit der Personen übernehmen.[42]

Ein weiterer Ansatz für die Erklärung der Dreieinigkeit ist das Bekenntnis aller Menschen zu der Unvergleichbarkeit Gottes. Die weitere Argumentation läuft wie folgt: wäre das Wesen Gottes eine Einzahl, so wäre es niedriger als das der Geschöpfe, die aus Materie und Form bestehen. Wäre er zwei, dann gäbe es etwas ihm Ähnliches und Entsprechendes. Da er aber drei Personen und ein Wesen ist, so ist er erhaben über jeden Vergleich und jede Ähnlichkeit.

40 Abū Rā'iṭa 20; 17.
41 Abū Rā'iṭa 20f.; 17.
42 Abū Rā'iṭa 21; 18.

LE PARADOXE DES ENFANTS NOIRS DE PLATON

L'EGLISE FACE AU NÉOTRADITIONALISME ET À L'HERMÉNEUTIQUE EN AFRIQUE

par Jacques Varoqui

Sahel, endémies, dette extérieure, mégalomanie, corruption, xénophobie religieuse ou ethnique; africains eux-mêmes et occidentaux ne savent plus à quel saint ou à quel génie il faut se vouer. Cette réduction est le fruit d'une avalanche de faits et d'informations qui pour aussi spectaculaires qu'ils soient, n'en sont pas moins lassants. Les réalités sociologiques modernes des villes et des villages africains ne constituent pour beaucoup qu'une toile de fond quotidienne, aux relents exotiques et «quiétistes», où il est difficile de s'imaginer que se joue, tous les jours, le drame de l'humanité noire.[1]

Ne faut-il pas chercher à un niveau plus ontologique, les raisons de la dérive socioculturelle de ce Continent? Ce qui nous préoccupe n'est-il pas en réalité la partie visible d'une sorte d'iceberg qui fondrait au soleil des tropiques? L'image est paradoxale, mais l'Afrique n'est-elle pas tout entière un paradoxe qui défie l'homme politique, l'économiste, le sociologue ou le théologien?

Nous ne prétendons pas faire toute la lumière sur les raisons du «contre-sens» actuel de l'Afrique.[2] Mais à la veille du Synode des évêques africains convoqué par Jean-Paul II, nous voulons nous attarder sur trois sujets incontournables qui constituent, à notre avis, un préalable à toute discussion sur l'inculturation qui doit figurer au programme des débats.

1) «L'anti-histoire» comme origine du «néotraditionalisme» africain.
2) Le refus du conflit épistémologique comme source du «néotraditionalisme».
3) L'herméneutique comme moyen d'expression authentiquement africain.

Nous nous réservons le soin, à la fin de ce bref essai, de proposer des amendements au concept d'inculturation. Mais des considérations préliminaires s'imposent sur ce que nous qualifions comme «néotraditionnel ou néotraditionalisme» dans l'Afrique d'aujourd'hui. Cette notion peut recouvrir, à notre avis, ce que nous pourrions appeler: «une sorte de syncrétisme qui résulte à la fois, de la tradition coutumière, et du modernisme africain». Ce comportement actuel trouve sa signification dans ces deux domaines discordants de la culture africaine, sans toute fois y trouver un sens qui puisse totalement le justifier.

Prenons un exemple: Il faut près de 150.000 FCA pour memer un camion chargé de A. jusqu'à B., soit 1000 Km. Pourquoi? Tout simplement, parce que policiers, gendarmes et douaniers, tout en exerçant leur devoir de contrôle officiel des personnes et des véhicules, exercent aussi un droit personnel de passage. Ils le détiennent par le fait même de leur autorité à l'endroit où ils se trouvent, et par les pièces d'identité ou de véhicule qu'ils peuvent ne pas vous rendre. Car traditionnellement l'exercice du pouvoir

[1] Cf. Jean-Marc Ela, *L'Afrique des villages*. Karthala, Paris 1982. *La ville en Afrique noire*. Karthala, Paris 1983.

[2] Cf. Achille Mbembe, *Afriques indociles*. Karthala, Paris 1988 et Detalmo Pirzio-Biroli, *Révolution culturelle africaine*. NEA, Dakar-Abijan-Lomé 1983. Aucun concept n'est pur en dehors de la culture qui l'a forgé. Il en est de même pour les idéologies. L'Afrique se rebiffe contre ce qu'on a voulu imaginer à sa place.

permet de percevoir un honoraire. Nous pourrions multiplier les exemples de ces comportements modernes africains où l'accumulation des significations a remplacé la pertinence du sens.

Cela veut-il dire que l'africain a perdu le sense de l'histoire, et qu'il ne sait plus situer les vérités dans leur contexte? Faut-il admettre que l'univers symbolique qui est le sien, se résume à une accumulation primaire de tout ce qui est signe socio-religieux de puissance et économico-politique de pouvoir? Faut-il conclure qu'il n'y a plus d'éthique africaine? ... Le paradoxe n'est-il pas justement, à travers la pauvreté anthropologique dont nous venons de donner un exemple, l'affirmation de capacités intrinsèques et inexplorées?[3] C'est cette découverte que nous allons tenter de faire à présent.

1. L'anti-histoire africaine, cause du néotraditionalisme

Par «anti-histoire», nous ne voulons pas proposer l'usage d'un nouveau concept, mais celui d'une image. L'image d'une pratique de l'histoire qui serait une sorte d'exorcisme de l'histoire.

L'histoire objective, au sens occidental, n'est pas coutumière en Afrique. Elle se doit par l'entremise du griot ou de la télévision, de servir une cause. Sa fonction est historico-mythique. Elle assure bien au-delà du souvenir des événements, la cohérence et la pérennité des symbolismes dont la société a besoin pour s'affirmer. L'évocation historique définit le cadre d'un espace dans lequel la vérité est évidente et en dehors duquel elle devient erreur.

Qui ne s'est pas impatienté à l'écoute ou à la lecture de ces longs préambules historiques à tout discours africain?[4] Deux phénomènes pervers sont mis en exergue par ces considérations comme un double coup d'arrêt infligé au sens coutumier de l'histoire. L'évocation historique permet en quelque sorte d'y échapper en donnant soi-même les fondements de sa vérité.

La première réalité historique mentionnée est celle de la colonisation, comme première cause d'un blocage global des valeurs traditionnelles. Elles perdent leur efficience sous la domination étrangère. L'événement étant créé et venant de l'étranger, il ne pouvait trouver sa justification dans le microcosme traditionnel. Il devenait de fait un évènement cœrcitif que l'Afrique indépendante se doit d'exorciser tout en l'assumant.

La seconde réalité qui n'est pas moins traumatisante, est celle de la «post-colonisation», expression que les intellectuels préfèrent à celle des indépendances. Il leur est difficile en effet, de conférer à ce concept une conotation négative du fait de la tutelle idéologique qu'exercent les dirigeants politiques sur la tradition.[5] L'histoire africaine ainsi perturbée a perdu son sens et sa fonction propre.

Il est facile de s'imaginer ce qu'est l'usage néotraditionnel de cette histoire, lorsqu'elle est détournée au profit du culte de la personne et de l'idéologie d'un parti unique. Elle

[3] Cf. J.-M. Ela dans *L'Afrique des villages*. L'expression est reprise par beaucoup d'auteurs comme E. Mveng, *L'Afrique dans l'Eglise*. L'Harmattan, Paris 1985, p. 203. La pauvreté anthropologique est considérée comme une pauvreté globale et radicale dont le point culminant est la non reconnaissance et la perte du savoir.

[4] Aucun auteur africain ne peut se dispenser de ces considérations historiques. Nous ne pouvons les citer tous. A titre d'exemple, L. P. Ngongo donne un exemple type du genre dans «Pouvoir politique occidental dans les structures de l'Eglise en Afrique», in: *Pour un Concile Africain*. Présence Africaine, Paris 1978.

[5] Cf. Paul N'Da, *Pouvoir, lutte de classes, idéologie et milieu intellectuel africain*. Présence Africaine, Paris 1987.

permet de chasser les démons qui oseraient la contredire tout en fournissant un alibi de bonne conscience à celui qui la pratique.

Dans ce contexte de crise de la vérité historique, une théologie africaine peut-elle éviter d'être comprise comme un idéologie néotraditionnelle? Peut-elle se dispenser d'être à son tour anti-historique, c'est-à-dire d'exorciser l'histoire néotraditionnelle?

Aucune réponse valable ne saurait être donnée à ces questions sans que ne soit abordé le problème épistémologique qui en découle. Il nous faut savoir quelle est la méthode de connaissance qui prévaut actuellement en Afrique.

2. Le refus du conflit épistémologique, source du néotraditionalisme africain[6]

L'histoire, prise en otage et détournée de sa fonction révélatrice du sens de l'existence, a dépossédé les sages de l'Afrique des fondements de leur savoir. Elle laisse en quelque sorte la place à un possible conflit épistémologique. D'autres savoirs sont venus se substituer à cette sagesse ancestrale. L'ethnologue, par exemple, base sa connaissance sur l'étude systématique de la linguistique, de la sociologie et de l'anthropologie de cultures bien déterminées. Mais peut-il vraiment, au bout de sa démarche d'observateur et d'analyste, risquer une parole qui puisse être considéréé comme authentique et universellement africaine?[7] Le traditionaliste lui répondra qu'il connaît beaucoup de choses, mais qu'il ne sait rien.[8]

En effet, avec l'ethnologie, bien des «logies» ont fait leur apparition sur le Continent. Leur utilité s'est souvent manifestée au service des pouvoirs économiques et politiques,[9] et assez peu, dans les réalités traditionnelles perturbées. On comprend aisément dès lors, cette réflexion désabusée de vieux chef qui dit: «Samory est passé, les blancs sont passés, des Ministres et des Présidents passent, et nous sommes toujours là». Ce à quoi les spécialistes de tous ordres répondront que cette sagesse immobiliste n'a pas de valeur universelle. En retour, il sera demandé où se trouve la sagesse de celui qui prend un pouvoir sans en détenir le savoir et inversement celui qui se substitue à un savoirs sans avoir de pouvoir!

D'autre part, l'africain répugne à écarter une quelconque sorte de connaissance ou de savoir. Ce serait un suicide face aux impératifs qu'impose la précarité de la vie qui donne sens à toute forme de connaissance. Aussi le conflit épistémologique est-il évité et remplacé dans la moderité par une collusion opportuniste des connaissances et des significations. Il en résulte, dans ce que nous appelons le néotraditionalisme, à une perte du sens et de l'intelligence que l'on doit avoirs des choses de la vie.

Le paradoxe est de taille. Gardons-nous en effet, de considérer comme des aberrations toutes ces collusions de savoir et de connaissance. Elles sont en fait, surtout au niveau religieux, autant de tentatives désespérées de recherche d'un sens cohérent de la vie. Le Président qui systématiquement limite sans son pays la prolifération des

[6] C'est au niveau des méthodes de connaissance que nous transcrivons en quelque sorte la problématique herméneutique de P. RICŒUR dans *Le conflit des interprétations.* Seuil, Paris 1969.

[7] Cette question n'est pas neuve. Elle est traitée par E. EVANS-PRITCHARD dans *Les anthropologues face à l'histoire et à la religion.* Puf, Paris 1974.

[8] L'expression de traditionaliste est utilisée par AHMADOU HAMPATÉ BÂ pour désigner les spécialistes africains des traditions qui sont les leurs. Discours de cloture du colloque de la Société Africaine de Culture de Cotonou, *Les religions africaines comme source de valeur de civilisation.* Présence africaine, Paris 1972.

[9] Cf. P. E. A. ELUNGU, *Eveil philosophique africain.* L'Harmattan, Paris 1984.

prophétismes et sectes de tous genres, sait ce qu'il fait. Il préserve ses propres dogmes idéologiques en supprimant les occasions de doute.

Pourtant, à moins de se cententer d'une sorte d'archéologie ethnothéologique,[10] c'est bien dans ce néotraditionalisme que l'Eglise doit se risquer à l'inculturation. A ce sujet, l'exemple qui suit, dit bien l'angoisse du chrétien africain moderne. Il se passe de commentaire. «Paul, est un enfant de famille pauvre. Le jour de l'examen, des parents viennent pour aider leurs enfants ... Un maître de l'école catholique a-t-il le droit de prendre aussi l'argent des parents de Paul, comme le font tous les autres maîtres?» Cette question me fut posée lors d'une retraite d'enseignants ...

C'est donc bien à une crise herméneutique des valeurs que nous avons affaire. On ne sait plus très bien comment il faut les utiliser et les comprendre.

3. L'herméneutique, comme moyen d'expression authentiquement africain

L'herméneutique est une discipline philosophieque d'un abord quelque peu rébarbatif. Elle requiert, à la place de l'analyse, une interprétation et une compréhension des phénomènes naturels et humains. La culture encyclopédique n'étant plus de mise aujourd'hui, on oublie qu'il s'agit d'un mode de savoir des plus anciens. La dialectique et l'aristotélisme ont eu raison d'elle au moyen-âge.[11] Le rationalisme cartésien a écarté sa pertinence jusqu'à Heidegger.

Relayée par P. Ricœur et les symbologues comme G. Durand qui se réclament de E. Cassirer et de G. Bachelard, on peut dire à présent qu'elle réconcilie les temps modernes et l'antiquité.[12]

Ce que nous venons de dire très rapidement comporte toutes les erreurs que l'on peut imputer à une réduction. Retenons surtout qu'il s'agit de la discipline qui semble la plus adaptée à un dialogue entre les cultures occidentales et africaines aujourd'hui. Plutôt que de procéder à de fastidieuses démonstrations, voyons à travers un exemple précis comment ce savoir de l'interprétation est mis en œuvre pour satisfaire aux exigences de l'univers symbolique africain.

On vient, au cours de la nuit de voler un sac de riz à un commerçant du village. Ce dernier accuse à tort une femme. Ne sachant comment s'innocenter, cette dernière s'en remet au jugement des génies. L'affaire est grave, car l'ordalie provoquera des morts.

[10] Cf. O. Bimwenyi-Kweshi, *Discours théologique négro-africain*. Présence Africaine, Paris 1981, p. 271–281. Il ne faut pas confondre notre propos avec celui fort pertinent de E. Messi Metogo. *Théologie africaine et ethnophilosophie*. L. Harmattan, Paris 1985.

[11] Abélard et Thomas d'Aquin ... On peut concidérer que le symbolisme néoplatonicien à survécu jusqu'à cette époque si l'on accepte que la pensée d'Augustin y a fait un tri irréversible dans le domaine éthique par son *De Anima* et le *De Civitate Dei*.

[12] Il semble que l'appel lancé aux théologiens par G. Durand lors du colloque théologique sur le symbole à Strasbourg auquel participa aussi P. Ricœur, en 1975, cf. *Revue des Sciences Religieuses*, et R. Alleau, *La Science des symboles*. Payot, Paris 1977, ait été entendu. Claude Geffré a fait publier un ouvrage majeur dans ce domaine, *Le christianisme au risque de l'interprétation*. Cerf, Paris 1983, 2° ed. 1988. J.-P. Manigne s'inscrit dans le même mouvement avec *Le maître des signes*. Cerf, Paris 1987. Un autre ouvrage de L.-M. Chauvet devait les précéder de peu, inspiré des travaux de Claude Lévi-Strauss et d'E. Morin, *Du symbolisme au Symbole, essai sur les sacrements*, Cerf, Paris 1979. Les travaux qui nous semblent les plus aptes à nous venir en aide dans le domaine qui nous intéresse sont de G. Durand, *L,imagination symbolique*. Puf, Paris 1964; *Les structures anthropologiques de l'imaginaire*. Bordas, Paris 1969; *Science de l'homme et tradition, et Figure mythique et visage de l'œuvre*. Chez Berg international, Paris 1979.

Le commençant ne voulant pas être tenu pour responsable de ces morts pour un sac de riz, retire sa plainte. Trop tard, les génies ont été provoqués. Le problème aboutit devant les «vieux» du village. Ils se réunissent, et après un long conciliabule, le consensus se fait. Ils vont aller célébrer des funérailles en l'honneur des génies, afin de les «contenter». La cérémonie se fit au pieds de la colline derrière ma maison, car ce sont les génies de la brousse et non ceux du marigot qui sont mis en cause. Ils ont là une case miniature qui localise leur lieu de séjour. On sacrifie quelques jeunes poulets et l'orchestre des balafons du chef fait une prestation. Les génies ne vont plus attaquer les gens du village. Il reste au voleur d'agir. Il le fait devant les vieux de son clan, en se dénonçant lui-même, car la menace pèse toujours sur lui. On lui répond que le sac de riz n'est pas un problème pour la famille, elle va le restituer. Mais pour les génies, il faut qu'il aille consulter les devins et se plier à leurs exigences.

Comme on peut s'en rendre compte, le vol d'un sac de riz n'est pas un simple délit. C'est un évènement à valeur symbolique très complexe. Il occasionne une rupture de l'harmonie sociale et religieuse du village tout entier. La sagesse mise en œuvre pour résoudre ce problème, est une sagesse qui sait globalement tenir compte de tous les aboutissants de l'évènement. Elle consiste à savoir avec pertinence intervenir à tous les niveaux d'interprétation. Rien n'a été négligé et aucune initiative n'a été prise qui puisse entraver le fonctionnement symbolique. De même que rien n'est venu s'opposer à l'éthique traditionnelle qui, bien que nous n'en ayons pas fait état dans notre récit, reste sauve. Elle est traitée à un niveau analogique de signification.[13] On pourrait qualifier ce niveau particulier d'interprétation de «psychomythique».

D'un évènement relativement simple l'on est passé au domaine mythique, l'innocentement par les génies. Puis le fait est devenu social et religieux avec l'intervention, des «vieux». Enfin il est considéré dans sa dimension économique par la famille tandisqu'il équivaut à une épée de Damoclès aux conséquences psychosomatiques inévitables pour le responsable du délit. Il devra se soumettre à un véritable traitement exorcisant s'il veut survivre.

Cette sagesse, ou plutôt cette gnose, patiemment acquise comme une révélation de type inductif, dont la plénitude se manifeste non seulement au crépuscule de la vie, mais aussi au terme de longs palabres, est en voie de disparition. Cependant nous avons pu nous en rendre compte, l'Afrique en est ataviquement pénétrée et compense cette perte du sens global des choses par l'accumulation de significations aux origines les plus diverses.

Aujourd'hui pas moins qu'hier, la simple relation de cause à effet ne suffit en Afrique pour constituer une base de fondement au sens de la vie. L'énoncé de grands principes ou de dogmes sont insignifiants lorsqu'ils ne courent pas le risque de l'usage herméneutique qui peut en être fait. Associés à d'autres savoirs, ils peuvent être qualifiés de néotraditionnels, et subir toutes les distorsions de sens imaginables.

La gageure qui est faite au christianisme africain et au Synode, est de se présenter avec une «signifiance» au moins égale à celle de la tradition. Elle exige donc une adéquation à l'ensemble du champ herméneutique africain. Ce qui fait dire à l'Abbé Waswandi du Zaïre: «Le Synode ne devrait pas s'attarder aux problèmes périphériques. Qu'il nous dise ce qu'est un christianisme complet pour l'Afrique.»[14]

Le problème tel que nous le posons, risque de réveiller de vieux démons, non seulement parmi les théologiens, mais aussi parmi les autres intellectuels. Le théologien va se demander si l'herméneutique africaine que nous proposons comme référence, ne doit pas être considérée comme une philosophie religieuse. Dans ce cas, elle est une

[13] R. Alleau, *La science des symboles*. Payot, Paris 1977, p. 120.

[14] *Le Pélerin*, 4 Août, 1989.

gnose susceptible d'engendrer des hérésies. Le philosophe s'interrogera sur la pertinence d'une philosophie gnostique africaine non spéculative et basée uniquement sur le constat de l'existence d'une pratique herméneutique d'origine mythique. L'ethno-anthropologue demandera si la prétention herméneutique chrétienne africaine relève en priorité de l'anthropologie ou de la religion.[15] Ce sont là autant de risques de disqualification qui doivent être pris en considération. On a connu «L'Œdipe africain, va-t-on pouvoir admettre l'existence des enfants noirs de Platon»?[16]

... L'inculturation en Afrique!

C'est à dessein que nous n'avons pas abordé les problèmes théologiques liés à notre propos. Nous ne prétendons pas apporter içi une sorte de clé magique qui résoudrait toutes les questions qui se posent à l'Eglise d'Afrique. Nous nous contentons simplement de tirer quelques conclusions des trois aspects particuliers de la culture africaine que nous venons de présenter succinctement.

Le concept d'inculturation est théologique. Il va de soi qu'il ne se définit pas d'une manière neutre. Mais, la culture africaine qui nous intéresse içi, n'est pas neutre non plus.

La définition la plus connue de l'inculturation est sans doute, celle du P. Arrupe. C'est celle, qui servira probablement de référence aux débats synodaux. La voiçi: «L'inculturation est l'incarnation de la vie et du message chrétien dans une aire culturelle concrète, en sorte que, non seulement, cette expérience s'exprime avec des éléments propres à la culture en question, mais encore que cette même expérience se transforme en un principe d'inspiration, à la fois norme et force d'unification, qui transforme et recrée cette culture. Elle est ainsi à l'origine d'une nouvelle création.»[17]

Ce que cette définition ne dit sans doute pas assez à propos de l'expérience de l'inculturation, c'est qu'elle doit être une expérience spirituelle du dialogue tout autant que de la conversion. Il est inconcevable, en effet, qu'une culture puisse dans le processus d'inculturation, jouer le rôle du mort dans une partie de bridge.

Il nous faut prendre en considération, que dans le processus de créativité de l'inculturation chrétienne, l'un des facteurs de compréhension sera l'assumation des exigences des cultures, et des problèmes, souvent non résolus, qu'elles posent.

Toute inculturation imaginée en dehors de cette réalité, ne serait qu'une juxtaposition idéaliste du christianisme, un néotraditionalisme chrétien ...

Tout l'effort déployé par les théologiens africains, pour débusquer les «valeurs» de la culture africaine que le christianisme peut, non seulement assumer, mais aussi sublimer, serait lettre morte, si l'Eglise ne donne pas un sens africain à son histoire. (18) Une histoire mystagogique, où l'expérience de Dieu et du Salut en Jésus-Christ, doit être le lieu où, l'Esprit est africainement intelligible et réellement inspirant.

Et, si elle ne se définit pas elle-même comme paradigme du Royaume, comme macro-symbole, contenant toutes les formes et interprétations des symboles nécessaires à une saine compréhension de tout l'homme, l'Afrique ne sera jamais réellemnet une terre de salut en Jésus-Christ. Ce sera un Continent où l'on connaîtra et pratiquera beaucoup de choses appartenant au christianisme, mais où, hélas, comme dirait un vieux bien de chez nous, on ne sait rien.

[15] Problème déjà soulevé à la note 7., Nous la confirmons par l'introduction de C. Lévi-Strauss à *Antropologie Structurale*. Plon, Paris 1958–1974.

[16] M.C. et E. Ortigues, *Oedipe africain*. L'Harmattan, Paris.

[17] P. Arrupe, *Itinéraire d'un Jésuite*. Centurion, Paris 1982, p. 76.

SUMMARY

Schwarzafrika ist in seiner Modernität für seine eigenen Bewohner ebensosehr ein Rätsel wie für Menschen der westlichen Hemisphäre. Den Hauptaspekt moderner afrikanischer Lebensweise könnte man als „Neotraditionalismus“ bezeichnen. Dieser „Neotraditionalismus“ im gegenwärtigen Verhalten resultiert aus der Konvergenz zweier Kulturen: der westlichen einerseits und der herkömmlichen andererseits. Mit Konvergenz ist aber nicht eine Assimilation oder eine Synthese von Kulturen gemeint, sondern ein Synkretismus, ein Vermischen kultureller Beziehungen. In dieser Situation ist es schwierig zu erkennen, welcher Aspekt von welcher Kultur dieses oder jenes Verhalten bestimmt. Was wir in der westlichen Kultur als absurd und ungerechtfertigt ansehen, kann von den herkömmlichen Bräuchen her als legitim oder sogar als beste Möglichkeit einer modernen Lebensweise angesehen werden. Das gilt ebenso umgekehrt.

Mit Blick auf die afrikanische Bischofssynode dürfen wir diesen Aspekt afrikanischer Modernität nicht übersehen. Vorab unterscheiden wir drei Themen, die bezüglich christlicher Inkulturation zu bedenken sind.

Das erste ist das afrikanische Verständnis von Geschichte. Es betont vor allem den mythischen Sinn vergangener Ereignisse und verleiht ihnen den rechten Wert.

Der zweite Punkt betrifft die kumulativen Aspekte der Epistemologie. Afrikaner weisen die Diskriminierung jeglicher Form von Wissen zurück. Prinzipiell ist dieser Standpunkt in Ordnung. Aber er kann pervertiert werden, wenn er das Lebensverständnis verwirrt anstatt es zu definieren.

Schließlich ist es wichtig zu wissen, daß jede Interpretation akzeptiert werden kann, wenn sie das Leben als eine globale Realität betrachtet, Gegenwart und Vergangenheit, reale und spirituelle Existenz umgreift. Afrikanisches Wissen gründet auf einer hermeneutischen Praxis.

Unter der Gefahr sich selbst und andere kulturelle Werte zu verleugnen, muß das Projekt christlicher Inkulturation diese drei brennenden Aspekte moderner afrikanischer Kultur einschließen. Der Titel dieses Beitrags, „Les enfants noirs de Platon“, ist eine scherzhafte Wendung gegen jene, die die Leistungsfähigkeit einer afrikanischen Philosophie anzweifeln.

POSITIONEN LATEINAMERIKAS*

von Klaus Hedwig

Der abstrakte Titel dieses Buches läßt nicht vermuten, daß die vorliegende Sammlung der Interviews, die Fornet-Betancourt mit den bekanntesten Vertretern der lateinamerikanischen Philosophie geführt hat, heute – zumindest für den deutschsprachigen Raum – eine der wenigen Arbeiten, wenn nicht sogar die einzige Darstellung ist, die die Vielfalt der lateinamerikanischen Philosophie dokumentiert. Die Texte, die unredigiert die Gesprächssituationen mit ihren Unwägbarkeiten spiegeln, lassen gerade in den Improvisationen, den überscharfen Sentenzen, Pointen und auch Anklagen die intellektuellen Konturen eines Aufbruchs hervortreten, die eine Monographie wohl kaum hätte nachzeichnen können.

Der Herausgeber, der das Buch als prospektive Korrektur der zu erwartenden „500-Jahr-Feier" der Entdeckung Amerikas versteht, ordnet die Autoren verschiedenen Richtungen der Philosophie zu: Denker wie Basave, Scannone und Wagner de Reyna verstehen sich aus einer „partiellen Zugehörigkeit" zu Europa, auch wenn sie eine „Inkulturation" der Philosophie fordern, Autoren wie Dussel und Gutiérrez argumentieren bewußt aus der Situation der „Exteriorität" eines unterdrückten Volkes, während Philosophen wie Bunge, Serrano, Villoro und Zea, wenngleich auf sehr verschiedene Weise, doch eine „kontextgebundene" Wissenschaft nahelegen. Diese Übersicht, die Fornet gibt (6–8), wird nochmals von W. Biemel eingeleitet (9–10). Aber wenn man nach dieser etwas komplizierten Einleitung der Einleitung des Themas zum Thema selbst kommt, zur Sache, um die es geht, hält man ein Buch in der Hand, das den europäischen Leser in eine betroffene Nachdenklichkeit zwingt, das aber auch zu kritischen Nachfragen herausfordert.

Die eigene philosophische Arbeit, die A. Basave (14–22) als „Heilspropädeutik" versteht, wird mit einer wenig differenzierten Ablehnung der positivistischen, marxistischen und existentialistischen Richtungen der Philosophie eingeleitet. Es geht primär darum, die Begriffssysteme der Philosophie mit dem christlichen Offenbarungsgut zu konfrontieren. Dabei erweisen sich allerdings die Konzepte, die B. verwendet, als Begriffe, die eindeutig *europäischer* Provenienz sind. Das eigentliche Zentrum, die „kopernikanische Wende", die B. vollzogen zu haben meint, wird durch den Terminus „Habencia" angedeutet – ein Neologismus, dessen konzeptuelle Ausarbeitung nicht ganz klar ist (15). Es scheint, daß eine strikt theozentrische Position vertreten wird, der gegenüber die traditionelle Rede vom „Sein" sich als derivat erweisen würde. „Das ›es gibt Gott‹ ist urprünglicher als das ›es gibt Sein‹" (15). Aber Basave übersieht, daß diese Theozentrik offensichtlich auf das Prädikat „ist" nicht verzichten kann, um überhaupt „aussagbar" zu sein. Es ist offensichtlich nicht einfach, den Implikationen der Ontologie zu entkommen. Für die Frage einer authentischen „lateinamerikanischen Philosophie" seien hier die Antworten Basaves zitiert, die gerade in ihrer bewußten Überspitzung interessant sind. „Weil mir die Provinzialisierung der Philosophie immer absurd vorgekommen ist, betrachte ich den Anspruch, eine lateinamerikanische Philosophie zu ersinnen, als einen Unsinn" (20). „Ich persönlich habe niemals weder Dependenz noch Vorherrschaft von seiten des ›imperialistischen Logos‹ gefühlt" (21). „Unrichtig ist ebenfalls für mich die These, daß das Volk als souveräne freie Gemeinschaft das eigentliche Subjekt der Philosophie darstellt. Philosophie bedeutet ›denken‹" (22). „Um ehrlich zu sein, sehe ich in dieser theoretischen Vorhut, die sich als die höchste Stufe des

* FORNET-BETANCOURT, RAÚL (Hg.), *Positionen Lateinamerikas*. Materialis-Verlag / Frankfurt 1988; 146 S.

kritischen Bewußtseins ausgibt, allzuviel Hochmut und viel Haß gegenüber der philosophischen Konstruktion des Abendlandes" (22). Hinter dieser geschliffenen Polemik steht letztlich das ungelöste Problem, daß die Vernunft, die eine allgemeine und interkulturelle Verbindlichkeit beansprucht, doch an der konkreten, kontingenten Realität als dem Gegenstandsbereich der Philosophie das Kriterium ihrer Angemessenheit finden muß. Diese Spannung zwischen dem Anspruch auf Allgemeinverbindlichkeit logischer und ethischer Normen und dem notwendigen Rekurs auf den konkreten, partikulär bestimmten Kontext der Wissenschaft und des Handelns durchzieht leitmotivisch das gesamte Buch, ohne daß dieses Problem zufriedenstellend gelöst werden kann.

In seinen präzisen, geistreich formulierten und die gestellten Fragen souverän hinterfragenden Antworten betont M. Bunge (23-42), daß es für ihn darum geht, „sich mit der Philosophie innerhalb der Wissenschaften zu befassen" (26). Die Philosophie, als Wissenschaft verstanden, kennt keine Grenzen. „Die Wissenschaft ist international" (36). Dagegen erweist sich die Anwendung der Wissenschaft, die Technik, als problematisch, weil sie - nach Bunge - die nationale und kulturelle Eigenart eines Volkes respektieren müsse und daher letztlich einer ethischen Kontrolle (einer „Technoethik") zu unterstellen sei. Aber daß die Wissenschaft, als abendländisches Produkt, die kulturelle Identität der Länder der Dritten Welt in Gefahr bringen könne, nennt Bunge schlicht und einfach „Volksverdummung" (38). Diese sehr realistische Einschätzung gilt auch der allseits zitierten Dependenztheorie, die nicht berücksichtige, „daß der Hauptschuldige in den Ländern der Dritten Welt nicht etwa der Imperialismus, sondern vielmehr die lokalen Oligarchien sind" (39). Nicht minder bissig ist die Kritik an der Geokultur des Denkens („daß das Bodenverbundene, der Grund und Boden, das Denken bestimme"), die schließlich in der Imitation angelsächsischer Philosophen degeneriere. „Dadurch importieren sie nun Philosophen aus Oxford oder besser die überschüssigen Philosophen aus Oxford, denn diejenigen, die in England nicht gebraucht werden, werden nach Mexiko geschickt" (42). Daß hier bewußt polemisiert wird, ist klar. Aber die Vertreter einer genuin „lateinamerikanischen" Philosophie werden durch diese und ähnliche Invektiven an wenig angenehme Wahrheiten erinnert.

Das Gespräch mit E. Dussel (43-59) gibt eine Übersicht über die Entwicklung der „Befreiungsphilosophie" (filosofía de la liberación) und die leitenden Motive, die auf die Dependenztheorie, den Einfluß H. Marcuses und vor allem auf die Bestimmung des „Anderen" *(Autrui)* zurückgehen, wie sie Levinas ausarbeitet - eine Kategorie, die nicht mehr hinterfragbar scheint. „Plötzlich wurde mir außerdem klar, daß Lateinamerika der ‚Andere' *(Autrui)* des europäischen Denkens war" (46). Dieser Gesichtspunkt wird von Dussel mit einer durchaus unorthodoxen Marx-Interpretation verbunden, so daß das „unterdrückte Volk" nunmehr als die radikale Exteriorität zu bestimmen wäre, aus deren Perspektive die Philosophie argumentiert. „Indem ich also durch die Praxis die Sicht des Armen übernehme, gewinne ich eine Exzentrizität, die mir erlaubt, die gesamte Philosophie von ihrem Anfang an ganz anders zu sehen" (53). Diese „Neudefinition aller philosophischen Begriffe" zeigt sich etwa darin, daß D. das Verhältnis von Theorie und Praxis umkehrt. „Die Philosophie ist eine Reflexion, die der Praxis folgt, die sich in und aus der Praxis artikuliert und die - wie ich meinen möchte - der Praxis eine strategische Klarheit hinzufügt" (56). Hier liegt zweifellos der Schwachpunkt der Argumentation, da die Strategien der Praxis einfach vorausgesetzt, aber nicht mehr hinterfragt werden. Wenn man die Thesen, die D. vertritt, in systematischer und methodischer Hinsicht genau analysiert, findet man einen Philosophiebegriff, der zwar interessante Perspektiven eröffnet, aber doch unausgereift ist. - Die Überlegungen von A. Serrano Caldera (94-106) sind zwar begrifflich weniger reich instrumentiert, aber für die Rezeptionsart des klassischen Marxismus in Lateinamerika überaus aufschlußreich. „Bei der Analyse der Wirklichkeit muß man den Versuch unternehmen, den Marxismus zu entplatonisieren" (102). Das heißt, daß nicht nur die zentralen Begriffe wie etwa „Klasse", „Klassenkampf" oder die Priorität der „ökonomischen Macht" an der Wirklichkeit selbst zu verifizieren oder zu falsifizieren sind, sondern daß der Marxismus in seiner lateinamerikanischen Rezeption, vor allem in den Sozialwissenschaften, aber auch in der Philosophie, nur als „analytisches Instrumentarium" und nicht als Weltanschauung zu verstehen wäre. Auch hier liegt das Hauptinteresse der Philosophie darin, den Weg zu einer Gesellschaft zu öffnen, in der die Menschen „menschlicher und freier" leben können.

Die Einführung, die G. Gutiérrez (60–77) in die Entstehung, die leitenden Motive und Zielsetzungen der „Befreiungstheologie" gibt, dürfte der Stilform eines „lateinamerikanischen Denkens" sicherlich am nächsten kommen. Das, was überzeugt, ist nicht nur die Klarheit der Argumentation, sondern auch die genaue Bestimmung zwischen der kontextgebundenen Pluralität und prinzipiellen Einheit der christlichen Religion, eine Spannung, die theoretisch und praktisch durchzuhalten ist. Die Sozialwissenschaften, aber auch die historisch-kritischen Analysen und die durchaus nuanciert bewerteten Systeme der Philosophie dienen dazu, der theologischen Arbeit die notwendigen begrifflichen Instrumente zu liefern, um eine verkürzte „Verkündigung des Evangeliums" in der bedrängenden Situation von Armut, sozialer Unterdrückung und Ungerechtigkeit zu ermöglichen. Die Lektüre dieser Seiten sollte für alle verpflichtend sein, die sich mit der Befreiungstheologie – kritisch oder nicht – auseinandersetzen.

Für die Autoren J. C. Scannone (78–93), L. Villoro (107–118), A. Wagner de Reyna (119–131) und L. Zea (132–143) geht es – wenngleich aus sehr verschiedenen Perspektiven – vor allem um das Projekt einer genuin lateinamerikanischen Philosophie, deren Aufgabe es wäre, die indianischen, spanischen und die modernen europäischen Einflüsse, die in Lateinamerika zu einer Symbiose *(mestizaje cultural)* verschmolzen sind, in die philosophische Reflexion einzubeziehen. Auf die Diskussion der zahlreichen Detailfragen, die sich gerade in diesem Zusammenhang stellen, muß – leider – verzichtet werden. Dagegen scheint es nützlich, die Positionen und Forderungen zu skizzieren, die in der Ausarbeitung einer genuin lateinamerikanischen Philosophie von den Autoren als Desiderate verstanden werden.

Im Hinblick auf die Spannung, die zwischen dem Anspruch normativer Universalität und der unumgänglichen Kontextualität der Aussagen der Philosophie besteht, meint J. C. Scannone: „Es geht nicht darum, eine regionalbezogene Philosophie zu machen – dann wäre es nicht Philosophie – sondern es geht um den hermeneutischen Ort, von dem aus mit universaler Gültigkeit gedacht wird, denn dieses Denken ist gleichzeitig historisch und daher inkulturiert ... Wichtig ist jedoch, wie man sich die Universalität vorstellt. In unserer philosophischen Gruppe sprechen wir vom ›situierten Universalen‹. Es handelt sich dabei nicht um ein abstraktes, eindeutiges Universales, aber auch nicht um ein konkretes Universales im Hegelschen Sinne, sondern es gibt eine Universalität, die in der Geschichte, in der Kultur verwurzelt und die ohne ihre Universalität zu verlieren, analogisch universal ist" (87). Es scheint aber, das Scannone mit dieser „sapientalen Rationalität" doch etwas zu großzügig umgeht. Die Philosophie hat es nicht nur mit transzendentalen Begriffen zu tun, die sich „analog" oder – um mit B. Lakebrink zu sprechen – „analektisch" artikulieren, sondern auch mit den Operationen des Denkens und Handelns, die strikte *Eindeutigkeit* erfordern. Der Begriff der logischen Wahrheit ist ebensowenig analog, wie die Tortur, die ein Mensch erleidet, nur analog schmerzvoll wäre. Es gibt offensichtlich logische und ethische Aussagen, die eine strikte Universalität einfordern und diese auf einer *kategorialen Ebene* exemplifizieren. – Der Beitrag von L. Villoro (107–118) unterscheidet sehr klar zwischen den konkreten, auch geschichtlich relativen „Motiven" einer Philosophie und dem „konzeptuellen System", das sich nicht regional begrenzen läßt. „Ich meine, daß das konzeptuelle System, das dem lateinamerikanischen Philosophen zur Lösung der Probleme zur Verfügung steht, durch seine ihn umgebende Situation aufgeworfen wird, das gleiche ist wie das rationale, von der Philosophie seit ihren Anfängen in Griechenland bis zur heutigen Zeit entwickelte System. Ich glaube nicht, daß wir Lateinamerikaner ein neues konzeptuelles System erfinden müssen" (109). Auch die zentrale Aufgabe, die sich in Lateinamerika heute stellt, nämlich „Wege und Bedingungen zur Verwirklichung einer freien und rationalen Gemeinschaft" zu finden, ist eigentlich nicht als ein spezifisch „lateinamerikanisches Thema", sondern vielmehr als ein „universales Problem" zu betrachten. „Aber Lateinamerika ist hierfür vielleicht ein bevorzugter Ort, weil die lateinamerikanische Geschichte bis zum heutigen Tag stets den gescheiterten Versuch einer Annäherung an dieses freie und rationale Zusammenleben dargestellt hat" (113). Die Implikationen dieser Rationalität werden von Villoro scharf herausgestellt, wenn er „Klarheit und Genauigkeit des Diskurses" auf allen Gebieten – auch in der Politik, Religion und Moral – fordert. Dann erst, wenn die „Verschleierung der Sprache und des Denkens, die wir von unseren Vorfahren geerbt haben, aufhört", wäre sinnvoll von einer „Befreiung" zu sprechen. – Fast kontrapunktisch dagegen fordert A. Wagner de Reyna (119–131) in einer Skizze der lateinamerikanischen Philosophie, die „einheimischen Werte" – „Indoamerika" – nicht nur wiederzuentdecken, sondern in eine kulturelle „Identität" einzubringen, die dann als „abendländische Dritte Welt" zu verstehen wäre. Man findet in diesem Gespräch sehr sensibel formulierte Hinweise auf die Grenzgebiete, in denen die Rezeption des abendländischen Logos durch die einheimische Kultur tiefgreifend geändert wurde – etwa durch die „agglutinierenden" Sprachen, durch die „symbolische" Denkweise oder auch durch die Prädominanz des „Mythischen", die offensichtlich eine bestimmte „Seelenstruktur" anspricht. Aber dann ist es wiederum doch überraschend, daß in der philosophischen Diskussion des „Seins", der „Analogie", der „Vernunft" und auch der „Religion" nicht nur europäische Leitthemen dominieren, sondern daß auch der Duktus der Argumentation – etwa die Abgrenzung gegen Heidegger – ganz eindeutig der *abendländischen Tradition* verhaftet bleibt. – Einen der frühesten, auch einflußreichsten Beiträge zur Kontextualisierung der Philosophie in Lateinamerika hat zweifellos L. Zea (132–142) in einem breit angelegten Werk geliefert, das von sehr verschiedenen Seiten – von der Sorbonne und der Lomonosov-Universität – gewürdigt worden ist. Der Anfang des Gespräches läßt die Motive deutlich werden, die zur Ausarbeitung der Befreiungsphilosophie geführt haben. „Für mich ist gerade die Situation von Abhängigkeit und Unfreiheit diejenige, die das philosophische Denken fördert, und zwar als ein Denken, das nach konkreten Lösungen sucht" (133). Die Philosophie – in ihrer Duplizität von Theorie und ideologischer Praxis – ist nach Zea in sachlicher Hinsicht weder von den Ergebnissen der empirischen Wissenschaften, noch von den Erfahrungen der Praxis abzulösen. Aber doch unterscheidet sich die Philosophie von allen anderen Wissenschaften durch ihre „kritische" Haltung. Genau hier beginnen jedoch die Probleme, denn – nach Zea – drängt die Philosophie einerseits auf die „Veränderung der Wirklichkeit", aber die Lösungen, die sie „anbietet", muß sie konstant kritisch „relativieren", ohne für die Theorie eine definitive Einsicht oder für die Praxis eine konsistente Strategie liefern zu können. Nicht weniger problematisch ist die Annahme, daß das „Volk" – nicht der „Einzelne" – das eigentliche „Subjekt" der Philosophie sei, ohne daß eine genaue kategoriale Bestimmung des Kollektivs vorgelegt würde. Auch in der Kritik des Eurozentrismus bleiben zahlreiche Fragen offen. „Ich würde eher sagen, daß alle Menschen deswegen gleich sind, weil sie anders sind; sie alle sind ja Individuen, Personen, die wirklich unterschiedlich sind, dabei jedoch nicht so anders, daß einige menschlicher als andere sein könnten" (142). All dies ist zu ungenau. Aber dabei darf man andererseits nicht übersehen, daß Zea auch sehr vielschichtige Probleme anschneidet, etwa die lateinamerikanische Neigung des „querer ser como ...", eine Tendenz, die sich bis weit in die Anfänge der Eroberung Amerikas zurückverfolgen läßt und die zahlreiche Gesichtspunkte aufweist, die nicht nur kulturell zu klären sind.

Dem Leser wird bei den Vertretern einer genuin lateinamerikanischen Philosophie zunächst die Insistenz auffallen, mit der davon gesprochen wird, daß Lateinamerika ein „gleichberechtigter Gesprächspartner" sei, daß seine Kultur kein „Echo" der europäischen Geschichte sei und daß die gängigen „eurozentrischen Vorurteile" abzubauen seien. Aber gerade diese Betonung des „Dialoges" überrascht nicht wenig. Man wird im Selbstverständnis asiatischer, auch afrikanischer Weisheitslehren vergeblich danach suchen, von Europa her „anerkannt" zu werden. Warum - um Marx zu zitieren - wirft man in der lateinamerikanischen Philosophie nicht einfach die „Ketten" ab, um sich um die „eigene Sonne" zu drehen? Aber gerade dies geschieht nicht. Wenn man nämlich die Ausarbeitung der Positionen einer *lateinamerikanischen* Philosophie verfolgt, dann fällt auf, daß nicht nur die Exposition des Problems, sondern auch dessen Formulierung in enger Anlehnung an *europäische* Autoren geschieht - Marx, Levinas, Blondel, Heidegger werden in einer Weise rezipiert, die mit den Vorlagen äußerst frei umgeht: die Konzepte, die zu gebrauchen sind, werden in „strategischer" Weise gebraucht, um die eigene soziale, politische und kulturelle Situation aufarbeiten und verändern zu können. Es ist aber nicht zu übersehen, daß man sich damit enorme Probleme einhandelt.

Die europäische Philosophie, wie vielgestaltig sie sich auch artikuliert haben mag, war stets - auch noch in ihrer Selbstkritik - eine Philosophie, die sich am Leitfaden der „Vernunft" entwickelt hat. Auch wenn man nur Bruchstücke dieser Tradition übernimmt, kommt man nicht daran vorbei, Auskunft darüber zu geben, wie die Stilform dieser Philosophie - der „vernünftige Diskurs" - verändert, erweitert oder verabschiedet werden soll. Man wird fragen müssen, welchen Stellenwert die „Vernunft", auch in ihrer Artikulation als „Wissenschaft", in einer Philosophie hat, die authentisch lateinamerikanisch und damit partikulär ist. Es läßt sich nicht bezweifeln, daß auf den kategorialen Gebieten der Mathematik, der Physik, der Medizin und anderer, durchaus empirischer Wissenschaften eine Universalität erreichbar ist, die keine regionalen Grenzen kennt. Dagegen kann man geltend machen, daß die Philosophie schon deswegen, weil sie nach dem „Warum" dessen fragt, was ist, nicht ohne weiteres nach Maßgabe der Kriterien der empirischen Wissenschaften bewertet werden darf. Aber es läßt sich nicht bestreiten, daß in den konkreten Erfahrungen dessen, was „wahr", „gut" und „gerecht" ist, eine - wie in diesem Band mehrfach gesagt wird - „situierte Universalität" hervortritt, die sich in verschiedenen Kontexten durchaus verschieden artikuliert, aber die in ihrem normativen Anspruch doch über die konkreten Situationen hinausgeht und eine Ebene der Rationalität eröffnet, die regional nicht einzugrenzen ist. Daher scheint auch die Neigung, die „lateinamerikanische" Philosophie an der Eigenständigkeit der Literatur, auch der Religion, zu messen, wenig glücklich, da die Philosophie - anders als Kunst - mit dem Anspruch rationaler Ausweisbarkeit der Aussagen steht und fällt. Hier liegt genau der Punkt, auf den ein europäischer Leser auch deswegen immer wieder zurückkommen wird, weil der konzeptuelle Status einer genuin lateinamerikanischen Philosophie gerade in dieser Hinsicht seltsam unterbestimmt bleibt.

Nun ist die Diskussion um eine authentisch lateinamerikanische Philosophie relativ alt. Neu ist zweifellos die Eindringlichkeit, auch die praktische und vor allem moralische Insistenz, mit der das stumme Elend der Lebensbedingungen erstmals in der *Philosophie* eine Stimme der Anklage gefunden hat, in ihren Kategorien ausgesprochen wurde und auf der Linie dieser Konzepte nach Veränderungen gesucht wird. Auch wenn die philosophischen Ausarbeitungen dieses Projektes durchaus verschieden, sogar gegensätzlich sind, wird die Verantwortung des Philosophen gegenüber dem sozialen Kontext in keinem der Beiträge unterschätzt. Daß die Antworten gerade in dieser Hinsicht präzis, auch engagiert sind, dürfte - dies sei als Kompliment den Herausgebern gesagt - vor allem an den Fragen liegen, die auch für die Sachgebiete, die kontrovers bleiben, nicht nur mit einer beeindruckenden philosophischen Sensibilität, sondern auch mit unbestreitbarer Objektivität gestellt wurden. Nur nebenbei sei daher bemerkt, daß die Herausgeber vor allem in den Themen, die auf die Linie Heideggers die Technik als das „Gestell" des beherrschenden abendländischen Logos nahelegen, merkwürdig eurozentrisch argumentieren. Daß diese Fragen von ihren Gesprächspartnern entweder überhaupt nicht verstanden oder nur zögernd akzeptiert werden, ist nicht uninteressant.

Es läßt sich nicht übersehen, daß die Vertreter einer genuin „lateinamerikanischen Philosophie", aber auch die Herausgeber selbst, dazu neigen, die „Vernunft", die das einzige Instrument der Philosophie ist, in ihrer theoretischen und praktischen Leistungsfähigkeit gegenüber den konkreten Kontexten deutlich einzuschränken. Man wird diese Tendenz, auch im Vergleich zu anderen Positionen, die sich um eine authentisch lateinamerikanische Artikulation der Philosophie bemühen, sicherlich als Einseitigkeit bewerten müssen. „Toda auténtica racionalidad conduce a la liberación humana. En este sentido el pensamiento latinoamericano contribuye a acalar el sendido último del filosofar y a mostrar la relación profunda entre racionalidad y condición humana. La filosofía latinoamericana, culmina en esta dirección, en un verdadero humanismo, en el único humanismo que merece su nombre: un humanismo universal, aplicable a todos los seres humanos y que, en consecuencia, sólo puede realizarse en la práctica mediante la liberación de todos los oprimidos del mundo."[1] Dem ist nichts hinzuzufügen.

[1] Francisco Miró Quesada, *Possibilidad y límites de una Filosofía Latinoamericana,* in: *La Filosofía en America,* I, Caracas 1979, 167–172.

BERICHTE

IST CHRISTUS DER EINZIGE WEG ZUM HEIL? EIN TAGUNGSBERICHT

Ist Christus der einzige Weg zum Heil? Dieses missionstheologisch gegenwärtig hochaktuelle Thema stand im Mittelpunkt einer Studientagung, die die Philosophisch-Theologische Hochschule SVD und das Steyler Missionswissenschaftliche Institut vom 5.–9. Juni 1990 in Sankt Augustin veranstalteten. Aus dem Blickwinkel verschiedener theologischer Disziplinen sollte diese Frage näher beleuchtet, vertieft und einer Klärung entgegengeführt werden, angestoßen nicht nur durch die Pluralität der Religionen, sondern auch durch die vielfältigen Kontakte von Christen mit Gläubigen anderer Religionen.

Das Einführungsreferat hielt Prof. Dr. *Hans-Jürgen Marx* SVD (Nanzan University Nagoya, Japan) zu dem Thema „Die Pluralität der Religionen und die damit gegebene Herausforderung für Mission und Theologie in Asien". Hierin stellte er ausführlich drei mögliche religionstheologische Positionen – den Exklusivismus, den Inklusivismus und den Pluralismus – mit ihren jeweiligen Hauptvertretern vor, wodurch die ganze Bandbreite der Beantwortungsmöglichkeiten der zentralen Frage nach der Einzigartigkeit Christi gleich zu Beginn der Tagung deutlich wurde. Dabei verhehlte er seine Vorliebe für den Inklusivismus nicht, der den Vorteil besitze, an der unüberbietbaren Selbstoffenbarung Gottes in Jesus Christus festhalten und gleichzeitig anderen Religionen gegenüber Offenheit und Dialogbereitschaft bewahren zu können.

Der Neutestamentler Prof. Dr. *Norbert Baumert* SJ (St. Georgen) entfaltete die biblische Sicht von Jesus Christus als der endgültigen Offenbarung Gottes. Die Ausschließlichkeit Jahwes – unabhängig und außerhalb von JHWH kein Heil (Dtn 6,4) – gelte mit der Anwendung des Kyrios-Titels auf den Messias/Christus auch von ihm. Die in Christus geschehene und vermittelte Erlösung habe universale Gültigkeit (vgl. z. B. die Adam-Christus-Typologie [Röm 5; 1 Kor 15]) und sei, wenn auch erst anfanghaft gegeben und die Dynamik eines Wachstums in sich tragend, durch nichts mehr überholbar und insofern das „letzte" Wort Gottes. Für die Missionstätigkeit zog Baumert daraus die Folgerung, jeden Menschen darin zu fördern, daß er nach seinem Gewissen lebe, aber zugleich darüber hinaus, ihm die Botschaft von dem einzigen offenbaren Heilsweg zu bringen, weil erst in Christus die Wahrheit aufgedeckt/enthüllt werde und somit ihre ganze Kraft entfalten könne.

Im Anschluß an die Bibelwissenschaft kam die systematische Theologie durch zwei Fachvertreter zu Wort: Zunächst sprach Prof. Dr. *Viktor Hahn* CSsR (Hennef/Sieg) über „Jesus Christus – der Weg zum Heil". Im Hauptteil seines Beitrages entfaltete er die Rede über das Heil in Jesus, verstanden als „Rede aus dem Glauben, Rede in der Kirche und so verbindliche Rede", als Ur-Erfahrung im Zeugnis der Schrift, als reflektierte Erfahrung (z. B. im Denkmuster der Logosphilosophie), als definitive Erfahrung im Ringen um die Lehre (die christologischen Dogmen, die zugleich Aussagen über den Menschen, über Gott und über das Heil darstellen) und als neu übersetzte Erfahrung in der modernen Hermeneutik. Dabei plädierte er für das Modell der Identitätschristologie, das sowohl die Geschichte Jesu ernst nehme (Defekt der Deszendenzchristologie) als auch die Geschichte Gottes in ihr entdecke (Defekt der Aszendenzchristologie) und über das hinaus ihm ein faszinierenderes Heilsangebot schlecht vorstellbar schien, weil in Jesus Christus wirkliche und endgültige Identität von Gott und Mensch, von Sinn und Welt und von ersehnter Humanität und alltäglicher Wirklichkeit geschenkt sei.

„Der Absolutheitsanspruch des Christentums“ war das Thema des Vortrags des Münchener Fundamentaltheologen Prof. Dr. *Heinrich Döring*, der in das Zentrum der religionstheologischen Diskussion führte. Nach einer Skizzierung der Problematik des aus der Philosophie herkommenden Begriffs – das Stichwort „Absolutheit des Christentums“ stammt aus dem deutschen Idealismus – stellte Döring mit den Denkmodellen Wolfhart Pannenbergs, Paul Tillichs und Karl Rahners drei relativierende Interpretationen des christlichen Absolutheitsanspruches vor, um daran seine eigene Konzeption anzuschließen. Diese will am Inklusivismus festhalten, dabei aber dessen Zweideutigkeiten und den Vorwürfen seitens der Pluralisten (Dialog- und Lernunfähigkeit, aprioristische Herabwürdigung der nichtchristlichen Dialogpartner) aus dem Wege gehen. Verstehe man „Christus“ als die sich offenbarende und heilschenkende Immanenz Gottes – daß auch die Radikalisierung des Transzendenzgedankens und die damit gegebene bedenkliche Vernachlässigung des Immanenzgedankens in pluralistischen Ansätzen (wie z. B. in dem John Hicks) nicht ohne den letzteren auskommt, wollen diese nicht in einen Relativismus abgleiten, und daß dieser christologisch zu fassen ist, hat Dörings Mitarbeiter Perry Schmidt-Leukel im Anschluß an den Vortrag überzeugend dargelegt –, dann bedeute das Erkennen der Anwesenheit Gottes in anderen Religionen die Verkündigung des Wirkens Christi in ihnen, und dann werde auch klar, daß man im interreligiösen Dialog Neues von und über Christus lernen könne. So konnte Döring das Verhältnis des Christentums zu den nichtchristlichen Religionen auf den Nenner bringen: „inklusivistisch und pluralistisch zugleich“, was er folgendermaßen erklärte: Von der sakramentalen Grundstruktur ekklesiologisch gedeuteter Heilsvermittlung her lege es sich nahe, die heilsvermittelnde Funktion nichtchristlicher Religionen grundsätzlich inklusivistisch zu verstehen und derselben in ihrer konkreten Form eine legitime Pluralität beizumessen – „inklusivistisch“ also deshalb, weil die theologische Grundlage dafür die heute einzig tragbare und dennoch mögliche sei, und „pluralistisch zugleich“, weil die Religionen in ihrer unterschiedlichen Eigenart und Sozialgestalt im Hinblick auf das Reich Gottes bejaht werden könnten.

Prof. Dr. *Horst Bürkle* (München) setzte die Tagung fort mit seinem Beitrag zum „Dialog mit den Religionen im missionarischen Kontext“. Darin stellte er die These auf, daß im Zentrum des Gesprächs mit anderen Religionen die christologische Frage stehe und, wenn auch nicht immer explizit, so doch in jedem Falle immanent vorhanden sei. In bezug auf die missionarische Dialogpraxis forderte er Bereitschaft zum Hinhören und zum Lernen, zum Sich-Einlassen auf den Kontext des anderen und Teilen seiner Bedingungen, vor allem aber Geduld, denn die Dialogpartner verfügten ja nicht über die Sache, in der sie gemeinsam unterwegs wären. Neben der Notwendigkeit des Bezuges zur Gesamtkirche, deren geistigem Blutkreislauf die Erträge der Dialoge zugeführt werden sollen, um in ihr als ganzer fruchtbar zu werden, hob Bürkle abschließend hervor, daß im Dialog als einem bleibenden Teil des kirchlichen Sendungsauftrags die Missio Dei lebendig und daß Christentum inkarnatorisches Christentum bleibe.

Der Marburger Religionsgeschichtler Prof. Dr. *Hans-Jürgen Greschat* beschäftigte sich in seinem Vortrag „Das Christusbild und die Heilserwartung in ‚nichtorthodoxen‘ christlichen Kirchen“ mit der Frage nach dem Wandel des Christusbildes independenter Kirchen und führte damit gleichzeitig in die Thematik der Afrikanischen Unabhängigen Kirchen ein. Ihm ging es dabei bewußt nicht darum, auf das mit diesem Thema aufgeworfene Bündel theologischer Fragen einzugehen, sondern anhand einzelner Beispiele deutlich zu machen, wie diese Kirchen – im Unterschied zu den europäischen Missionskirchen, von denen sie sich abspalteten –, ihr kulturelles Erbe einbringend die Gegenwart als die eigentliche Heilszeit betrachten und welch entscheidende Bedeutung in ihnen der Erfahrung als Fundament religiöser Autorität und der Heilung und somit auch der Rolle des Hl. Geistes als des Brennpunktes der Theologie beigemessen wird.

In dem letzten Vortrag „Evangelisierung und die Wahrheit der Religionen“ von Prof. Dr. *Theo Sundermeier* wurde das Aufeinandertreffen umfassender Wahrheitsansprüche in der interreligiösen Begegnung thematisiert. Am Beispiel des Buddhismus beleuchtete Sundermeier exemplarisch den Wahrheitsanspruch anderer Religionen und beschrieb die Modelle der Begegnung aus buddhistischer Sicht nach M. Abe. Dem stellte er auf der Grundlage der Aussagen des II. Vatikanums die christliche Sicht gegenüber, wobei er z. T. frappierende Ähnlichkeiten feststellte (Zuordnung der anderen Religionen zur eigenen; Verstärkung der in den anderen Religionen latent vorhandenen Wahrheit). Im Anschluß daran hob er hervor, daß Mission in der Weise Jesu immer partikulare Mission sei – Licht der Welt und Salz der Erde sei man immer nur im lokalen Kontext – und daß es Universalität nur als von Gott her zu erhoffende und zu erbittende Verheißung gebe. Im Blick auf das Verhältnis zu anderen Religionen ergaben sich für ihn die Konsequenzen, daß die Begegnung ein grundsätzlich nach vorne offener Dialog sein müsse („Weg“), daß bei gegenseitiger Anerkennung des charismatischen Reichtums das Zeugnis von Jesus als dem Christus nicht verborgen bleiben dürfe („Wahrheit“) und daß der Dialog sich als ein ganzheitlicher Austausch, als Konvivenz ereigne („Leben“), die nur in der kleinen, überschaubaren Gemeinde vor Ort zu verwirklichen sei, die jedoch, um nicht zu verkrusten, des weltkirchlichen Zusammenhanges bedürfe.

Die Tagung bestand jedoch nicht nur aus den Referaten, sondern lebte fast ebensosehr von den mit breiter Beteiligung engagiert geführten Diskussionen, die sich an jeden Vortrag anschlossen und fast immer aus Zeitgründen abgebrochen werden mußten. In diesen Aussprachen, die hier nicht im einzelnen nachgezeichnet werden können, wurde viel an Klärung, Vertiefung und Erweiterung der angesprochenen Gedanken geleistet; u. a. wurden auch praktische Dialog-Erfahrungen aus dem missionarischen Alltag eingebracht. Dabei wurde deutlich, daß viele Fragen und Problemkreise noch offen blieben und sich einer einfachen Lösung entzogen. Diese wurden am letzten Nachmittag der Tagung von Prof. Dr. *Karl Müller* SVD nochmals gebündelt und in Kleingruppen besprochen. In der abschließenden Diskussion im Plenum standen die Fragen nach Jesus Christus als dem Heil für alle Menschen und nach dem Absolutheitsanspruch des Christentums im Mittelpunkt.

Wer für die Tagungsfrage „Ist Christus der einzige Weg zum Heil?“ eine Patentlösung erwartet hatte, sah sich getäuscht. Vielmehr wurde ihm die Vielschichtigkeit und Komplexität dieses religionstheologisch zentralen Themas bewußt, daß sich nicht kurzerhand abhandeln und beiseite legen läßt; es beginnt schon damit, sich erst einmal über das mit ‚Christus‘, ‚Weg‘ und ‚Heil‘ eigentlich Gemeinte Klarheit zu verschaffen. War also Einigkeit in den Beantwortungsversuchen nicht gegeben (sie war auch nicht angestrebt), so konnte man doch im großen und ganzen einen Konsens hinsichtlich der Verabschiedung streng exklusivistischer Einstellungen und der Bevorzugung eines inklusivistischen Lösungsansatzes konstatieren, wenngleich dessen konkrete Fassung noch im einzelnen zu diskutieren bliebe. Festgehalten wurden sowohl die Unverzichtbarkeit der eigenen Glaubensüberzeugung und die Wichtigkeit des ganzheitlichen Lebenszeugnisses als auch die Notwendigkeit der christlichen Selbstbescheidung angesichts der Pläne des je größeren Gottes. Die Tagung konnte deutlich machen, daß es zahlreiche und divergierende Denkbemühungen gibt, an der unüberholbaren Selbstmitteilung Gottes in Jesus Christus festzuhalten und zugleich daran, daß er das Heil aller Menschen will.

Die Referate werden demnächst gesammelt in der Reihe „Veröffentlichungen des Missionspriesterseminars Sankt Augustin“ erscheinen.

Münster *Michael Hakenes*

Antes, Peter / Pahnke, Donate (Hg.): *Die Religion von Oberschichten,* Diagonal-Verlag / Marburg 1989; 316 S.

Die 19. Jahrestagung der Deutschen Vereinigung für Religionsgeschichte (DVRG), 1988 in Hannover, hatte sich das Thema „Die Religion von Oberschichten: Religion, Profession, Intellektualismus" gestellt; 16 der insgesamt 30 Vorträge liegen nun in einer Aufsatzsammlung vor.

Existieren einzelne Untersuchungen zu religiösen Vorstellungen von Angehörigen der Unterschichten, insbesondere ist auf Arbeiten aus der Volkskunde (Mannhardt, Weber-Kellermann) zu verweisen, so fehlen weitgehend Studien über religiöse Orientierungen und Praktiken von Intellektuellen und Oberschichtenzugehörigen. Allein die Begriffsbestimmung der Zuordnung ‚Oberschichten' erweist sich in diesem Zusammenhang als ebenso schwierig wie eine Definition von ‚Religion'; von *der* Religion im Singular oder nur einer bestimmten Form von Oberschichtenreligion läßt sich mit Sicherheit nicht reden, dies verdeutlicht vorliegender Band anschaulich.

Entsprechend vielgestaltig tritt daher die Thematisierung dieser schichtenspezifischen Religiosität auf, die die Herausgeber in chronologischer Folge in vier Kapitel ordnen: Der Bogen spannt sich von der „Elitereligion" der Mittleren Stoa im zweiten Jahrhundert vor unserer Zeitrechnung (BIANCI) über die „Intellektuellenreligion" der Gnostiker und Manichäer (RUDOLPH) bis zum geplanten Synkretismus Kaiser Akbars im Indien des 16. Jahrhunderts (STIETENCRON). Als „Aristokratenreligion" ist die Auf- und persönliche Annahme des Buddhismus in Deutschland zur Zeit der Jahrhundertwende mitunter bezeichnet worden, dies verdeutlicht der erste Beitrag des Teil II (USARSKI); es folgen Beiträge zur kultischen Verehrung Nietzsches (CANCIK, TREIBER) und zu W. Hauers Religionsstiftung 1934 (NANKO). Max Webers Konzeption der „Intellektuellen-Religion" (KIPPENBERG) steht in thematisch engem Zusammenhang zu Beiträgen über die Religion von Geistes- und Naturwissenschaftlern (FLASCHE, GLADIGOW).

Der Schlußteil befaßt sich neben der Darstellung griechischer Neoorthodoxie als religiöse Intellektuellenströmung (MAKRIDES) und dem gegenwärtigen Glauben japanischer Großindustrieller (PYE) in drei Beiträgen mit der New-Age-Bewegung der 80er Jahre bzw. der „postmodernen Religion".

Hier wird leider offensichtlich, wie schwer sich Religionswissenschaftler/innen in der Auseinandersetzung mit neuen religiösen Bewegungen im eigenen Kulturbereich tun: Während im Beitrag von D. PAHNKE vor allem die fehlenden und diffusen Begriffsbestimmungen zu beklagen sind, macht sich H. ZINSER auf die methodisch fragwürdige Suche nach einem neuen Begriff für den religionswissenschaftlich unbrauchbaren Terminus „Aberglaube". Allein S. LANWERD ist es m. E. in ihrem Artikel „Zur Bedeutung von Feministischer Spiritualität in der Literatur des New Age" gelungen, das Thema kritisch-differenziert und adäquat zu behandeln.

Nicht nur die Behandlung von Themen der Gegenwart, sondern auch die methodische und klassifikatorische Vielgestaltigkeit, ein solches Thema zu untersuchen, machen den Wert dieses Bandes aus.

Bielefeld *Silke Busch*

Borutta, Helmut: *Die Hos. Ihre traditionsorientierte Geschichte und ihre Missionierung.* Lehrstuhl für Religions- und Missionswissenschaft Erlangen / Erlangen o. J.; 181 S.

Mit dieser Arbeit dokumentiert der Vf. im Rückblick auf seine eigene Tätigkeit ein Stück Missionsgeschichte in Indien. Er hat selbst jahrzehntelang als Missionar der Gossner-Kirche beim Adivasi-Stamm der Hos im Gebiet Orissa/Bihar (Indien) erfolgreich gewirkt. Worum es sich bei der „Gossner-Kirche" handelt, wird für den Leser aus dem Gesamtzusammenhang der Arbeit leider nicht ersichtlich.

In sechs Kapiteln stellt der Vf. die traditionsorientierte Geschichte der Hos und die christlichen Missionsbemühungen unter ihnen dar. Der Vf. hat gut daran getan, im ersten Kapitel (S. 1–33) ausführlich auf die Herkunft und Geschichte der Hos einzugehen und dabei die verschiedenen diesbezüglichen Hypothesen gewissenhaft darzustellen; die Verarbeitung von Legenden, Mythen, Erzählungen etc. der Hos gibt Einblick in kaum bekanntes Quellenmaterial.

Im zweiten Kapitel (S. 34–79) werden Stammesstruktur, Sozialverhalten, Stellung von Mann und Frau, Sprache, Sitten und Charakterzüge der Hos in einfühlsamer Weise dargestellt und analysiert. Allerdings wertet der Vf. auf S. 43–44 plötzlich aus christlicher Sicht, wenn er die Abhängigkeit der Hos von den Omen als negative Eigenschaft schildert. Eine rein religionsphänomenologische Betrachtung darüber wäre an dieser Stelle angebrachter gewesen.

In einem dritten Teil (S. 80–92) gibt der Vf. einen Überblick über die Religion der Hos, der jedoch im Vergleich zu den letzten drei Kapiteln (S. 93–178), wo es um die Geschichte und gegenwärtige Situation der Ho-Mission geht, recht knapp ausfällt; im Hinblick auf diese letzten drei Kapitel hätte eine breitere Behandlung der Religion der Hos gut getan.

So betrachten das vierte (S. 93–137) und das fünfte Kapitel (S. 138–165) zwar die Geschichte der Ho-Missionierung durchaus kritisch – eine Einbettung in den Kontext der gesamtindischen Missionsgeschichte wäre für das Verständnis hilfreich gewesen – und sind auch reich an vielen wertvollen Erfahrungsbeispielen aus der eigenen Missionstätigkeit des Vf.s, aber zur Inkulturationsproblematik nimmt der Vf. kaum Stellung.

Die Frage, *ob* die Adivasis (Ureinwohner Indiens), und damit die Hos fähig sind, „die biblische Botschaft in ihrer ganzen Tiefe, das geschenkte Heil in Jesus Christus, die Gnade und Liebe Gottes in sich aufzunehmen und . . . zu verstehen" (S. 160–161), kann aber sicher nur dann befriedigend beantwortet werden, wenn zuvor das *Wie* einer solchen Glaubensannahme geklärt worden ist. Auch wenn der Vf. keine endgültige Antwort auf diese Frage gibt, so führt er doch eine Reihe wichtiger Ansätze an, die in die richtige Richtung weisen.

Trotz der Fülle orthographischer, grammatischer und didaktischer Mängel gibt die Arbeit einen guten Einblick in das Leben der Hos und die Geschichte ihrer Missionierung.

Unterpleichfeld *Ernst Pulsfort*

Butturini, Giuseppe: *Alle origini del Concilio Vaticano secondo. Una proposta di Celso Costantini* (Storia, Cultura, Arte e Economia 10) Edizioni Concordia Sette / Pordenone 1988; 349 S.

Das vorliegende Werk möchte, wie der Titel andeutet, einen Beitrag zur Entstehungsgeschichte des Zweiten Vatikanischen Konzils leisten. Es handelt sich um einen Vorschlag (proposta) von etwa fünfzig Schreibmaschinenseiten, den der Sekretär der Propaganda Fide (1935–1953) Celso Costantini im Jahre 1939 noch vor der Wahl Pius XII. ausarbeitete und den er einigen intimen Freunden unterbreitete. Das Dokument wurde später von ihm überarbeitet und 1949 in einem Briefumschlag mit der Aufschrift

„Sede vacante" für die Nachwelt aufbewahrt. Es befindet sich heute im persönlichen Archiv von Celso Costantini im bischöflichen Seminar von Pordenone. Eine Kopie wurde am 5. Mai 1959 Papst Johannes XXIII. drei Monate nach der Ankündigung des Zweiten Vaticanums überreicht. Costantini starb am 17. Oktober 1958. Wenn er am Konklave hätte teilnehmen können, hätte er seine Stimme einem Nicht-Italiener, Kardinal Pietro Agagianian gegeben; die Kardinäle wählten Johannes XXIII., der auch ein Freund Costantinis war, den dieser jedoch zu alt für das Petrus-Amt hielt.

Das Buch ist übersichtlich in vier Teile gegliedert: der erste soll die Lektüre des Vorschlags vorbereiten; der zweite ist der Persönlichkeit Costantinis gewidmet; der dritte beschreibt die Wesenszüge des vorgeschlagenen Konzils; der vierte dient der Auswertung des Dokuments. Zum Ausklang des Buches bringt Butturini einige bedeutende Schlußfolgerungen.

Butturini beginnt mit der Darstellung der ungewöhlich fruchtbaren literarischen Tätigkeit Costantinis (vgl. dazu Streit-Dindinger, Bibliotheca Missionum XIV/3, S. 200–219). Sodann gibt Butturini einen Überblick über die Geschichtsschreibung des Zweiten Vaticanums und schenkt dann wieder dem Vorschlag Costantinis seine Aufmerksamkeit (erstes Kapitel). Im zweiten Kapitel untersucht Butturini die Struktur des Dokuments und beschreibt dessen Eigenart. Der von Costantini vorgeschlagene Papst sollte ein Nicht-Italiener sein und über missionarische Erfahrung verfügen. Die kirchliche Autorität betrachtet er unter dem Gesichtspunkt des Dienstes am Heil der Menschen. Die Kirche soll als Liebeskirche erkennbar sein. Costantini legt bei den Ausführungen über die Reform der Kurie großen Wert auf ihre Internationalisierung. Das Amt der Bischöfe soll mehr geachtet werden und diese sollen weniger kontrolliert werden. Bei der Auswahl der Kardinäle sollte in der Zukunft die Mission nicht vergessen werden. Costantini erwähnt auch die Liturgiereform und die Volkssprache in der Liturgie. Im dritten Kapitel veröffentlicht Butturini erstmals den Text des äußerst wertvollen Dokuments (S. 69–116), den er mit zahlreichen Anmerkungen ausgestattet hat.

Butturini vermittelt bei der Darstellung des Werdegangs Costantinis einige neue Erkenntnisse. So berichtet er von dem leidenschaftlichen Interesse des Seminaristen und des jungen Priesters an biblischen Studien. Costantini kannte eine Anzahl von Autoren des Modernismus schon vor ihrer Verurteilung; während er das Drama des Modernismus miterlebte, erkannte er die Notwendigkeit der geschichtlichen Grundlagen des Christentums. Sehr früh wandte sich Costantini einem seiner Lieblingsthemen zu: der christlichen Kunst; er war auch aufgeschlossen für die Anfänge der liturgischen Bewegung.

Seine Tätigkeit als Apostolischer Delegat in China (1922–1933) prägte Costantini in entscheidender Weise. Sehr früh studierte er führende Sinologen wie L. Wieger. Er las E. Joly, der sich mit der Enzyklika „Maximum Illud" in ihrer Bedeutung für China auseinandersetzte. Costantini studierte in dieser Zeit auch anglikanische Werke, wie z. B. von R. Allen „Spontaneous expansion of the Church". Die Korrespondenz Costantinis mit V. Lebbe weist auf eine enge Verbundenheit beider Persönlichkeiten hin, obwohl sie in der einen oder der anderen Frage verschiedener Meinung waren. Schließlich kannte Costantini auch den Bericht von B. De Guébriant, der die Mission in China im Auftrag der Propaganda Fide visitierte. Beim Studium der Geschichte der Mission in China lernte er die Licht- und Schattenseiten der Vergangenheit kennen. Mit diplomatischem Geschick schränkte Costantini das französische Protektorat, das die Mission belastete, ein und schaltete später seinen Einfluß aus. Für ein tieferes Verstehen von M. Ricci setzte er sich mit P. D'Elia, dem Herausgeber der „Fonti Ricciane" in Verbindung. Mit großem Geschick und mit Energie führte Costantini die Missionsgrundsätze von „Maximum Illud" in China durch und leitete so eine neue Periode der katholischen

Mission in diesem Land ein, deren Höhepunkt das Nationalkonzil von Shanghai (1924) bildete.

Schließlich sollte die Lektüre der Kirchenväter Costantini auf neue Möglichkeiten der Offenheit in der Mission hinweisen. Sie bewahrten ihn davor, Jesus Christus in Gegensatz zu Konfuzius zu setzen. Bei Johannes Chrysostomus lernte er die Notwendigkeit einheimischer Bischöfe einsehen. Costantini kam zu der Erkenntnis, daß die Bekehrung eines Volkes mit dessen Kultur in Verbindung gebracht werden muß. Das Nachdenken über das Verhältnis zwischen Glauben und Kultur führte Costantini zur Volkssprache in der Liturgie. Costantini führte schließlich die soziale Lehre von Sun Yatsen in den katholischen Schulen ein. Beim Tode von Sun Yatsen erwies er diesem an der Totenbahre mit der in China üblichen Verneigung die letzte Ehre, was von einem Teil der Missionare nicht akzeptiert wurde.

Als Sekretär der Propaganda Fide konnte Costantini seine in China erworbenen Missionsgrundsätze in den Dienst der Gesamtkirche stellen. Bei manchen Entscheidungen Roms mag es wohl schwierig sein, den Einfluß Costantinis herauszufinden. Gerade in diesem Punkt erweist sich der Vorschlag Costantinis für ein Konzil als hilfreich. Wie bereits erwähnt, sollte nach Costantini die Reform der Kurie von der Mission ausgehen. Er schlug eine Ent-Italienisierung, eine Ent-Latinisierung und eine Dezentralisierung vor. Wichtige Ämter der Kurie sollten mit Kardinälen und Bischöfen von internationaler Herkunft besetzt werden. Costantini fordert in dem Vorschlag die Kreierung von Kardinälen aus der Mission; die ersten Kardinäle aus der Mission wurden bereits während seiner Amtszeit als Sekretär der Propaganda Fide ernannt. Costantini plädiert für eine einheimische Hierarchie, die damals schon im Kommen war. Universitäten und Seminare sollten mit einheimischem Personal ausgestattet werden, und vor allem von ihm geleitet werden. Costantini förderte einheimische Ordensleute. Die letzten Reste des Ritenstreites sollten schließlich während seiner Amtszeit als Sekretär im Jahre 1939 beseitigt werden. In den Jahren vor dem zweiten Weltkrieg fanden auch die wichtigen Vollversammlungen der Bischöfe im Kongo statt. Costantini hatte schon vor seiner Tätigkeit in China die Bedeutung der Provinzialkonzilien für die Entwicklung der Kirche eines Landes am Beispiel der Konzilien von Baltimore erkannt.

In vorbildlicher Weise wertet Butturini den Konzilsvorschlag aus. Costantini ist von dem positiven Einfluß überzeugt, den ein ökumenisches Konzil auf das Leben der Universalkirche ausüben würde. Nach seiner Vorstellung sollte dieses eine pastorale Ausrichtung haben. Das Konzil müßte in der Mission den Übergang von der auswärtigen Kirche zur einheimischen Ortskirche vollziehen. So würde es auch die Voraussetzungen für eine einheimische chinesische Kirche schaffen, die frei von westlicher Bevormundung ihre Probleme in der Gemeinschaft mit der Universalkirche lösen würde. Die erneuerte Katholizität der Kirche, die ihren Ausdruck nicht nur in der Lehre, sondern auch in den Strukturen finden muß, sollte bewirken, daß sich die Ortskirchen in der Universalkirche zu Hause fühlten. Untereinander sollten sie im brüderlichen Austausch (Communio) stehen, der jede Einengung aus Gründen der Rasse und der Hautfarbe überwindet. Die katholische Kirche sollte auch gegenüber den Protestanten eine neue Haltung einnehmen. Bereits in China hatte Costantini mit der protestantischen Kirche gute Kontakte gepflegt. Er erkannte in ihrer Mission eine gesunde Selbstverwaltung in personeller und wirtschaftlicher Hinsicht. Privilegien, Geld und fremde Flaggen hatten der Kirche in der Vergangenheit oft großen Schaden zugefügt.

Costantini erwähnt in dem Vorschlag die Urkirche, die auch für die Kirche von heute richtungsweisend sei. Wie diese sollte das Konzil des 20. Jahrhunderts neue Wege der Brüderlichkeit, der Solidarität und der christlichen Liebe aufzeigen. Christentum ist nach Costantini nicht nur Liturgie, sondern vor allem auch Dienst am Nächsten. Costantini nennt auch die „Zeichen der Zeit", welche die Kirche erkennen muß. Nach ihm erfüllt sie diese Aufgabe, wenn sie richtungweisende Antworten auf die Fragen der Zeit gibt. Diese Antworten sollten „innerhalb" der Kirche auf pastorale Weise (nicht etwa politisch) gefunden werden.

Butturini ist sich bewußt, daß er keine endgültige Würdigung Costantinis anbieten kann. Er weist selbst auf weitere Archive hin, die dafür erforscht werden müßten; so nennt er die persönlichen Archive der Kardinäle Fumasoni-Biondi, Marella, Giardini, Antoniutti und vor allem das Archiv der Propaganda Fide.

Auf einige kleine Schönheitsfehler soll hingewiesen werden. Statt „Wiegher" muß es „Wieger" heißen; mit der „Zeitung für Missionswissenschaft" ist sicher die „Zeitschrift für Missionswissenschaft" gemeint; auf S. 246 muß es „Ritenstreit" heißen. Diese Fehler mindern keineswegs den Wert des wertvollen Buches.

Butturinis Buch über den Vorschlag Costantinis zum Konzil leistet einen bedeutenden Beitrag zum Verständnis der Geschichte der Mission und zur Geschichte der Kirche, die vom Zweiten Vatikanum in entscheidender Weise geprägt wurde. Zahlreiche Anregungen Costantinis sind schon verwirklicht worden.

Rom *Willi Henkel*

Casaldáliga, Pedro: *Kampf und Prophetie. Aufzeichnung einer Reise durch Nicaragua*, St. Gabriel / Mödling 1990; 159 S.

Vier Jahre nach der Reise des brasilianischen Bischofs Pedro Casaldáliga durch Nicaragua sind die Tagebuchaufzeichnungen, die Erfahrungen und Eindrücke dieser „Solidaritätsmission" wiedergeben, nun auch auf deutsch erschienen.

Casaldáliga hat diese Reise angetreten, um sich in der „Erhebung aus dem Geist des Evangeliums" mit dem Fasten und dem Gebet von Pater Miguel d'Escoto für Frieden und Selbstbestimmung Nicaraguas zu solidarisieren. Es ist eine Mission, die aus dem Bewußtsein „der Mitverantwortung für die Glaubwürdigkeit der Kirche Jesu in diesem gequälten Mittelamerika und in ganz Lateinamerika" erwächst. Sie will Zeichen setzen für eine Pastoral, die aufrichtet und tröstet, eine Pastoral, die sich an die Grenzen wagt.

Dom Pedro zeichnet seine Reise durch Nicaragua, das „zugleich Kampf und Prophetie" ist, in Gedichten, Gebeten, Gesprächsnotizen und Reflexionen nach, die unterwegs in der Begegnung mit dem nicaraguanischen Volk entstanden sind. Diesem Umstand
verdanken die vorliegenden Tagebuchaufzeichnungen ihre große Dichte und Intensität.

Der Aufbau des Buches folgt weitgehend dem Verlauf der Reise von Managua bis in die umkämpften Grenzgebiete in den Bergen und wieder zurück nach Managua, wo die Reise mit der „Internationalen Woche für den Frieden" ihren Abschluß findet. Neben den Erfahrungen aus Nicaragua werden Eindrücke aus El Salvador und Kuba wiedergegeben. Eine Einführung Casaldáligas, die über Motivation und Intention der Reise Aufschluß gibt, und Briefe der brasilianischen und nicaraguanischen Bischofskonferenzen, die die Konflikte im Hintergrund der Reise dokumentieren, ergänzen die Tagebuchaufzeichnungen.

„Kampf und Prophetie" ist nicht der Versuch einer objektiven Situationsbeschreibung, sondern ein Plädoyer für die Völker in Mittelamerika, die um ihr Recht auf Frieden und Selbstbestimmung kämpfen. Casaldáliga ergreift Partei für eine Kirche, die sich der Herausforderung stellt, als Kirche Jesu Zeugin der Auferstehung zu sein. Gerade angesichts der jüngsten Entwicklungen in Nicaragua ist dieses Zeugnis gelebter Solidarität ein wichtiges Zeichen der Ermutigung.

Münster *Katja Heidemanns*

Mackerras, Colin: *Western Images of China.* Oxford University Press / Hongkong–Oxford–New York 1989; 337 S.

Die Studie geht auf Anregungen und Beobachtungen zurück, die der Autor, Sinologe an der Griffith University in Brisbane, während der Jahre 1964–1966 als Sprachlehrer in Peking sammeln konnte. 1986 ist er dorthin eingeladen worden, um über das komplexe Problem ‚Bilder Chinas im Westen' zu referieren. Auf den damals gehaltenen Vorlesungen beruht das vorliegende Buch. Die Kommentierten hatten also Gelegenheit, westliche Wahrnehmungen ihrer Gesellschaft und Geschichte ihrerseits zu kommentieren.

Anders als das kleine Büchlein von Wolfgang Franke (China und der Westen, Göttingen 1962), das auch auf Bilder vom Westen, die in China wirksam wurden, eingeht, untersucht M. ausschließlich Bilder Chinas im Westen, behandelt aber über Franke hinausgehend nicht nur Westeuropa, sondern auch den nordamerikanischen und den australischen Kontinent.

Das Buch hat drei Teile: Zunächst gibt M. einen detaillierten Überblick zum Wandel der Chinabilder von der Marco-Polo-Berichterstattung im 13. Jh. bis zur revolutionären Wende 1949. Im zweiten Teil befaßt er sich mit Rekonstruktionen der chinesischen Vergangenheit, wie sie, angestoßen durch die jesuitische Berichterstattung, auf wissenschaftlicher Ebene in Europa seit dem 16. Jahrhundert probiert wurden. Teil 3 befaßt sich mit den Bildern, die man sich seit der Revolution 1949 im Westen von China gemacht hat, und zwar nicht nur auf wissenschaftlicher Ebene. M. berücksichtigt nämlich nicht nur die unterschiedlichen (Gruppen-)Interessen der jeweiligen Imageproduzenten und -transporteure (Missionare, Händler, Philosophen, Fachsinologen, Ökonomen, Schriftsteller) mit Rückbezug auf deren jeweilige zeitgeschichtliche Verankerung, sondern er achtet auch auf die Unterschiedlichkeit der Medien, über die Images transportiert wurden (Reiseberichte, Fachstudien, populäre Romanliteratur, filmische Präsentationen).

Im Gang seiner Darstellung findet M. Michel Foucaults Theorie bestätigt, daß die Beziehung zwischen Wissen und Macht jene andere Beziehung zwischen Wissen und Realität tendenziell überlagert. Das heißt, daß jeweils bestimmte Gruppen ihre Macht benutzt haben, um *das* Bild von China zu vermitteln und wenn möglich durchzusetzen, welches ihren politischen Interessen diente. Eine zweite Leitlinie seiner Darstellung verdankt M. der Kritik Edward Said's am ‚Orientalismus-Syndrom' in westlicher Chinaliteratur, also einer euro-zentristisch geprägten Perspektive, die Chinas ‚Rückständigkeit' vorwiegend durch endogene sozio-kulturelle Faktoren erklärt sah. Merkwürdigerweise geht M. in diesem Zusammenhang wohl kurz auf Marxens Sicht, nicht aber auf Max Webers einschlägige religionssoziologische Arbeiten ein.

Trotz dieser Einschränkung bietet das insgesamt gut lesbare Buch instruktive Belege und Kommentare nicht nur allgemein zur Wahrnehmung des Fremden in der Kulturgeschichte des Westens, sondern auch speziell zur Vorgeschichte einer mit hohem ökumenischem Stellenwert besetzten Beziehung. Ein in Grenzen gehaltener Anmerkungsteil, Literatur- und Stichwortverzeichnis tragen zum Nutzen des Buches bei.

Hamburg *Theodor Ahrens*

Nørgaard, Anders: *Mission und Obrigkeit. Die Dänisch-hallische Mission in Tranquebar 1706–1845* (Missionswissenschaftliche Forschungen 22) Gütersloher Verlagshaus Gerhard Mohn / Gütersloh 1988; 312 S.

Die Geschichtsschreibung der ersten evangelischen Missionsarbeit, der „Dänisch-hallischen Mission" oder „Tranquebarmission" in Indien, ist mit dieser Aarhuser

Habilitationsschrift ein gewaltiges Stück vorangetrieben worden. Das gilt schon im Blick auf die Erschließung bisher ungenutzter Quellen. Die auffallend schmale Basis, mit der sich des Verfassers forschungsgeschichtliche Vorgänger Ferdinand Fenger (1843), Wilhelm Germann (1868, 1886) und (vor allem) Arno Lehmann (1956) begnügten, weicht nun endlich einem angemessenen weit ausladenden Fundament von Archivmaterialien, die in Deutschland (Halle, Berlin, Leipzig), Dänemark (Kopenhagen, Seeland) und England (London) lagern. Dadurch werden erstmalig nicht nur nichtoffizielle Äußerungen der Missionare – in ihrer Korrespondenz mit der Society for Promoting Christian Knowledge (SPCK) – einbezogen, sondern auch die Berichte und Urteile der „Gegenseite" in den Dokumenten der dänischen Handelskompanien. Bis hinein in die alles andere als belanglose Frage des Verlustes von Briefschaften bei den schwierigen Schiffsverbindungen der Zeit zwischen Europa und Indien geht des Verfassers Akribie in der Auswertung der umfangreichen und oft sehr schwer lesbaren Archivalien.

Durch sie entsteht vor uns ein eindrucksvolles Bild des sich ständig wandelnden Beziehungsgeflechts zwischen „Mission" und „Obrigkeit" in der dänischen Handels- und später Staatskolonie Tranquebar über nahezu ein und ein halbes Jh. einschließlich der sonst üblicherweise stiefmütterlich behandelten Zeit des rationalistischen Niedergangs – ein komplexes Bild, das alle bisherigen Pauschalierungen korrigiert. Was hier zwischen dem König von Dänemark, seinen Beauftragten, den Missionaren, der Missionsleitung, dem Kommandanten der Kolonie und dessen Vorgesetzten in der dänischen Handelskompanie an reichen Konflikt- und Kompromißmöglichkeiten angelegt war, wurde durch die Entfernungen einerseits und das Leben auf engem Raum in einer fremden Umwelt andererseits nur noch potenziert: gegenseitige Anfeindung, Behinderung, Ignorierung, Tolerierung, Rücksichtnahme, indirekte Unterstützung, offene Hilfe oder auch Vereinnahmung für eigene Interessen. Durch alles hindurch entwickelte sich aus einem königlichen Privatunternehmen zunächst eine etablierte staatsfreie, dann eine selbständige staatsgebundene und wenig staatskirchenbezogene Organisation, und schließlich eine perfekte Staats- und Kolonialinstitution. Im Blick auf die Handelskolonie verhielt die Mission sich bis zur letzten Entwicklungsstufe oft wie ein „Staat im Staate".

Angefangen hatte es mit einem (vorprogrammierten) Konflikt, nicht sosehr zwischen dem Heißsporn und Aufschneider Ziegenbalg und dem Festungstyrannen Hassius, als vielmehr zwischen den Handels- und Sicherheitsinteressen der Kompanie auf der einen Seite und den Bestrebungen um einen ganzheitlichen „Dienst" an der tamilischen Bevölkerung durch die christlichen Sendboten auf der anderen. Auch dies ist erstmalig klar herausgearbeitet: Die Mission trat als ein Störenfried an, der soziale Unruhe heraufbeschwor, durch die Beschaffung von Arbeitsplätzen für bekehrte Inder, durch die Forderung, den Verkauf christlicher Sklaven zu unterbinden, oder durch aktives Eingreifen in die Rechtsprechung der Kolonie. Was folgt, liest sich allerdings dann als ein Schulbeispiel wechselhafter Anpassung der Mission – auch darin „Pioniermission"! – an koloniale Verhältnisse. Das Verbot des Sklavenhandels wird zwar um die Mitte des Jh.s allgemein seitens der Missionare durchgesetzt. Aber das hält sie später nicht von Grausamkeiten gegen Glieder ihrer tamilischen Gemeinde im Zuge einer angemaßten eigenen Jurisdiktion ab. Und dies ist symptomatisch für vieles andere: Eheschließungen zwischen Missionaren und Inderinnen werden durch die Kollegen der Missionare verhindert. Aber einer von ihnen verheiratet sich mit der Witwe des Vizekommandanten und übernimmt deren gehobenen Lebensstil.

Die hilfreiche Beschränkung der Untersuchung auf den Ort Tranquebar und auf das Verhältnis der „Mission" zur „Obrigkeit" bedeutet jedoch nicht, daß so wesentliche Aspekte der Missionsgeschichte wie die Motivation der Bekehrungen, die soziologische Zusammensetzung der Gemeinde und ihr Verhältnis zur katholischen Kirche am Ort völlig ausgeblendet würden. Auch für sie werden interessante neue Erkenntnisse dargelegt. Trotzdem wünscht man sich, daß bald im Rahmen des von NØRGAARD Geleisteten die eigentlich religiösen und kirchlichen Dimensionen des Geschehens ausführlich auf derselben verbreiterten Quellengrundlage und mit derselben Gründlichkeit zur Darstellung kommen.

Die vorliegende ungemein aufschlußreiche Arbeit aber sollte ohne viel Verzug durch eine englische Übersetzung mit Register indischen Lesern für die Aufarbeitung der eigenen Geschichte zugänglich gemacht werden, ist doch diese Geschichte selbst dafür verantwortlich, daß die Inder ihre Quellen im Ausland verstreut suchen müssen.

(Kürzungen von Wiederholungen wären dabei möglich, eine Überarbeitung der Bildunterschriften und die Vermeidung der Vokabel „Eingeborene" bzw. „natives" nötig.)

Hildesheim *Hugald Grafe*

Schöpfer, Hans: *Neue christliche Kunst in Afrika. Bilder und Meditationen,* Matthias-Grünewald-Verlag / Mainz 1989; 72 S.
Schöpfer, Hans: *Neue christliche Kunst in Lateinamerika. Bilder und Meditationen,* Matthias-Grünewald-Verlag / Mainz 1989; 72 S.

Nach den Titeln der beiden Bändchen zu urteilen, könnte man meinen, es handle sich in erster Linie um ein Kunstbuch. Doch dem ist nicht so. Man hat vielmehr den Eindruck, daß die Bilder zur Illustration des meditativen Textes dienen. Das Büchlein über Afrika bringt fast ausschließlich Bilder von zwei „Künstlern", wenn dieser Ausdruck überhaupt ohne weiteres zu verwenden ist, und zwar handelt es sich um den bekannten Kunsttheoretiker und Maler Engelbert Mveng SJ aus Kamerun und um den Senufo-Maler Tiengato Soro aus der Elfenbeinküste. Mveng hat sich durch seine theoretischen Arbeiten einen sehr guten Namen in der afrikanischen Kunstszenerie gemacht. Vieles in seinen einprägsamen religiösen Bildern läßt sich auf traditionelle Symbolik und Formensprache zurückführen. Da Mveng in einer traditionellen Künstlerfamilie geboren wurde, wurde er tief vom Geist der alten Kunst geprägt, aber gleichzeitig auch von einer abgehobenen, fast leblos erscheinenden religiösen Ikonographie des Katholizismus Europas. Die religiöse Aussage von Tiengata Soro ist hingegen ganz schlicht und aufs Wesentliche beschränkt. Seine künstlerischen Mittel sind bescheiden. Er war ein ehemaliger Leprakranker Moslem, der die biblischen Erzählungen, die er vom Missionar erfuhr, in Senufo-Art auf Baumwolltücher übertrug. Eine gewisse Unbeholfenheit ist diesen Bildern nicht abzusprechen. Man hätte hier vielleicht weniger von Kunst als von katechetischen Illustrationen sprechen sollen.

Im „Vorwort" des Afrika-Bändchens meint SCHÖPFER, daß vor allem der Abtransport „bester Kunstwerke einen spürbaren Mangel an guten Vorbildern" bewirkt habe und „die für Schwarzafrika typische Kontinuität im Kunstschaffen" unterbrochen habe (S. 5). Ich möchte diese Aussage sehr bezweifeln. Die alte Kunst Afrikas war meist eine sakrale oder bisweilen eine höfische Kunst. Sie war mit Religion, Wirtschaft, Sozialstruktur etc. eng verknüpft. Die christliche Mission und andere Faktoren (auch der Islam) haben diese Lebensmitte der traditionellen Kunst zerstört. So hat die traditionelle Kunst ihren Sitz im Leben verloren; sie war funktionslos geworden. Es gibt so gut wie keinen bekannten afrikanischen Künstler der traditionellen Kunst, der zur Herstellung christlicher Kunstwerke übergegangen wäre. Die christlichen Künstler haben fast alle von vorne begonnen und durchweg ausschließlich mit nicht-traditioneller Kunst.

Die Bilder im Büchlein über Lateinamerika werden von einem Maler geliefert, und zwar von dem Priestermaler Maximino Cerezo Barredo aus Spanien. Er genoß eine akademische Kunstausbildung, war jahrelang Professor an Kunsthochschulen, malte in vielen Gegenden der Welt Kirchen aus und kam 1970 nach Südamerika. SCHÖPFER betont im Vorwort: „Die Bildauswahl kann ... weder ausschließlich kunsthistorischen Ansprüchen genügen, noch kann sie repräsentativ für das Gesamtwerk des Künstlers sein ... Viele seiner Bilder sind ‚Illustrationen für Analphabeten', ‚theologische Appelle', sozusagen ‚katechetische Ikonen' und richten sich selbstredend viel mehr an das einfache Volk, für das der Künstler theologische und soziale Inhalte kontextualisiert" (S. 5–6). Die Aussage der Bilder ist dann auch oft recht einfach und die Symbolik handgreiflich. Ob man unter solchen Umständen unbedingt von „Neuer christlicher Kunst in Lateinamerika" reden sollte? – Aber wie gesagt, ich hatte beim Lesen der beiden Bücher den Eindruck, daß es SCHÖPFER mehr um die theologischen, meditativen Texte als um die Bilder geht: diese sind für ihn nur der Ausgangspunkt für seine Überlegungen oder deren Illustrationen. Die neue christliche Kunst Afrikas und Lateinamerikas ist breiter, aussagestärker und aufwühlender.

Frankfurt *Josef Franz Thiel*

Wagner, Herwig / Fugmann, Gernot / Janssen, Hermann (Hg.): *Papua-Neuguinea – Gesellschaft und Kirche. Ein ökumenisches Handbuch* (Erlanger Taschenbücher 93) Freimund Verlag / Neuendettelsau, Verlag der Ev.-Luth. Mission Erlangen / Erlangen 1989; 464 S. und Bildanhang.

Das Titelbild dieses schönen Sachbuches zeigt die Innenseite der halb offenen, römisch-katholischen St.-Marien-Kathedrale in der Hauptstadt von Papua-Neuguinea. Die Bilder der Ahnen in der Manier der alten Kulthäuser der Männer an der Außenseite über dem Eingang des als Uterus vorgestellten Männerhauses bzw. Kirchengebäudes.

Im Bildanhang findet sich auf einer Doppelseite eine fotografische Darstellung der evangelisch-lutherischen Kirche in Nasegalatu – ausgestattet von dem berühmten Schnitzer David Anam. David hat, um die Last des Kirchendaches abzustützen, die Apostel als Träger der Kirchenpfosten innerhalb und die Figuren mit den Masken der Ahnen außerhalb des Gebäudes plaziert. Aber auch diese eben als Träger des Kirchendaches.

Was melanesische Künstler auf ihre Weise schon lange zu sagen wußten, findet seinen Niederschlag nun in unseren Handbüchern. Zum dritten Mal innerhalb von 20 Jahren geben das Bayerische Missionswerk und die ihm befreundeten Verlage ein Informationsbuch zu Papua-Neuguinea und seiner Christenheit heraus. Zum ersten Mal erscheint ein derartiges Werk ausdrücklich als ökumenisches Handbuch. Dieser Anspruch wird nicht nur auf herausgeberischer Seite eingelöst (Beteiligung von Missio Aachen über den Missionswissenschaftler und Ethnologen HERMANN JANSSEN als Mitherausgeber), sondern auch was die Auswahl und Vermittlung des Materials sowie die Beteiligung von Autoren angeht. Nicht wenige Beiträge gehen auf Vorarbeiten des Melanesischen Instituts, einer ökumenischen Studienzentrale der Großkirchen in Papua-Neuguinea, zurück und werden hier zum ersten Mal in deutscher Sprache zugänglich gemacht. Weit mehr als 30 Texte, darunter auch eine ganze Reihe gediegener Originalbeiträge, unterscheiden sich natürlich in ihrer Informationsdichte, auch in der Reichweite ihrer Perspektiven. Zusammen ergeben sie ein solides, vielseitiges Bild der Christenheit in ihrem zeitgenössischen Kontext in Papua-Neuguinea. Die Herausgeber haben das Material nach drei Gesichtspunkten geordnet:

Teil I vereinigt acht Beiträge unter der Überschrift ‚Geschichte und Gesellschaft' (S. 11–108). Die Informationen reichen von einer knappen Darstellung der Früh- und Vorgeschichte melanesischer Gesellschaft, über die Kolonialgeschichte und Staatwerdung bis zu gegenwärtigen gesellschaftspolitischen Fragen (Ökologie, Rolle der Multis, Frage nach der Rolle ausländischer Investitionen). Die Herausgeber bemühen sich, das Erfordernis sachlicher Information und die Frage, wer hat oder beansprucht Macht in dieser Gesellschaft, in Balance zu halten. Das ist im ersten Teil auch gut gelungen.

Teil II (S. 111–226) informiert vor allem zur Geschichte und zur gegenwärtigen Gestalt der Kirchen und christlichen Gruppierungen. Neben einer ganzen Reihe kirchenkundlich orientierter Selbstdarstellungen der einzelnen Kirchen stehen einleitend der Beitrag von Rufus Pech, der die vielen Stränge melanesischer Kirchengeschichte in einer gehaltvollen Synopse zusammenbringt und am Schluß zwei zum kritischen Weiterdenken anregende Beiträge von John May zum Stand ökumenischer Zusammenarbeit.

Der nicht ohne Grund weitaus umfangreichste *Teil III* unter der Überschrift ‚Herausforderungen und Antworten der Kirchen' (S. 229–425) will nicht nur informieren, sondern auch Perspektiven eröffnen. Wer fordert hier wen heraus? Und: Haben die Kirchen die Antworten?

G. Fugmann sieht ‚melanesische Theologie' (S. 229–246) wesentlich vor der Aufgabe, den Glauben zu inkulturieren (S. 243). Er will ausgehen von den Erfahrungen, die Menschen in ihrem Alltag mit der Macht Gottes machen (S. 244), um dann die Themen, die sich in diesen Erfahrungen herausschälen, auf ihren kulturellen Kontext zu beziehen und auf ihre pastoral-seelsorgerliche Relevanz hin durchzuarbeiten. Für Fugmann wie für seinen methodologischen Gewährsmann Charles Kraft ist eigentlich immer nur der wesentlich in kulturanthropologischen Kategorien begriffene Kontext problematisch; was der Text sei, was das Evangelium sagt, wird als im wesentlichen geklärt vorausgesetzt. Und gerade darum muß in der Perspektive des Kraftschen Ansatzes von den politischen und den epistemologischen Konflikten, die die Arbeit an kontextbezogener Theologie so dramatisch geraten lassen, weitgehend abgesehen werden. Kontextuelle Theologie ist für Fugmann Inkulturationstheologie. Dieser Ansatz hat sein gutes Recht, aber angesichts der sozio-politischen Konflikte Melanesiens auch seine Grenzen.

Der politische Konflikt liegt in der Frage der Melanesier, ob die Missionare und andere Weiße, die Christen zu sein beanspruchen, tatsächlich an die universelle Bruderschaft in Jesus Christus glauben (S. 237), wo doch der Augenschein anderes zu glauben nahelegt. Die epistemologische, d. h. weltanschauliche Herausforderung erstreckt sich nicht nur auf die vordergründige Frage, wie sich melanesische Weltbilder in den vergangenen 120 Jahren verändert oder auch nicht verändert haben (ein Beitrag dazu fehlt in diesem Band leider), sondern in Verbindung damit vor allem auch auf die Frage nach dem Zusammenhang von Sprache und Erfahrung. Ob Erfahrung Sprache konstituiert und also auch Symbole aus sich heraus setzt oder ob Sprache Erfahrung stiftet, aber auch konditioniert, macht für interkulturelle, theologische Arbeit einen erheblichen Unterschied. G. Renck gibt in seinem Beitrag (S. 263ff) wichtige Informationen.

Das Evangelium beansprucht zwar, den Kontext in das Licht seiner Wahrheit zu bringen. Der Kontext aber radikalisiert die Frage, welche Version des Evangeliums eigentlich gelten soll. Die neuen religiösen Bewegungen von John G. Strelan, einmal mehr kompetent und knapp porträtiert, markieren nicht nur diese Herausforderungen, sondern untermauern auch, daß die einfachen Leute die Auseinandersetzung mit dem Westen, mit der Moderne, mit dem Christentum, auf ihr Terrain gezogen haben. Der Beitrag von G. Trompf zum Stichwort Wertekonflikte illustriert das Drama dieser

Auseinandersetzung aus ethischer Sicht und ist wertvoll, weil er zu einer kritischen Rückfrage nach den ‚westlichen' Werten anleitet (S. 314ff).

Es folgt ein Kranz von Beiträgen zu sozial-ethischen Themen (Ehe- und Familienfragen, Bildungsplanung oder Bildungsdesaster?, kirchliche Entwicklungsarbeit, Kirche und Medien, Urbanisierung, Randgruppen/soziale Spannungen).

Diese Beiträge, offenbar aus kundiger Feder, enthalten eine Reihe relevanter Informationen. Sie radikalisieren aber auch die Frage, was wir über den Zusammenhang von Bildung und Entwicklung wirklich wissen. Und selbst wenn wir dazu dieses oder jenes wissen und verstanden haben: welchen Stellenwert haben Informationen im Kontext ökumenischer und entwicklungspolitischer Bewußtseinsbildung? Der Priester-Politiker John Momis macht mit seinem Beitrag zu politischem Engagement den Beschluß des Buches und stiftet eben diese Frage. Er wirft den Kirchen in Melanesien vor, sich zwar allgemein für Gerechtigkeit, Liebe und andere Ideale einzusetzen, aber vor den notwendigen Schritten zurückzuschrecken, die erforderlich wären, um eine solche Gesellschaft auch wirklich zu gestalten. John Momis hat mit seinen Freunden die Einrichtung von etwa 20 Provinzregierungen durchgesetzt, weil er meinte, so würden politische Entscheidungen näher an die Basis gebracht und dies würde der Gerechtigkeit dienen. Mittlerweile ist klar, daß die Einrichtung dieser Provinzregierungen auf ein Desaster hinausläuft. Momis ist dennoch Priester und Politiker geblieben. Die Einsicht in die politische Verantwortung, zu der das Evangelium nötigt, gibt den Kirchen dort ebensowenig die ‚richtigen' politischen Antworten an die Hand, wie Informationen hier schon Solidarität oder auch ökumenische Anteilnahme ermöglichen. Aber: Für beides sind die Freunde der Christenheit in Melanesien auf gediegene und vielseitige Information angewiesen. Dazu leistet dieses Sachbuch einen wichtigen Beitrag.

Ein Anhang mit statistischen, kartographischen, bibliographischen Informationen, Autorenregister sowie Namensverzeichnissen erleichtert den Zugang zum Inhalt des Buches.

Hamburg *Theodor Ahrens*

Anschriften der Mitarbeiter dieses Heftes: Prof. Dr. Dr. Peter Phan, Catholic University of America, School of Religious Studies, Department of Theology, Washington, D.C. · Prof. Dr. Jacques H. Kamstra, Universiteid van Amsterdam, Faculteid der Godgeleerdheid, NL-1017 CC Amsterdam · Dr. Ernst Pulsfort, Kirchstr. 5, D-8702 Unterpleichfeld · Prof. Dr. Peter Heine, Rosenstr. 7, D-4403 Senden-Bösensell · Dr. Harald Suermann, Missionswissenschaftliches Institut Missio e.V., Goethestr. 43, D-5100 Aachen · Dr. Jacques Varoqui, Paroisse St. Jean-Baptiste, Komborodougou, B.P. 532 Korhogo, Elfenbeinküste · Dr. Klaus Hedwig, Marienstr. 37, D-5120 Herzogenrath · Michael Hakenes, Eschenweg 6, D-4400 Münster